MANUAL DE DEBATE POLÍTICO
COMO VENCER DISCUSSÕES POLÍTICAS NA MESA DO BAR

KIM KATAGUIRI
MANUAL DE DEBATE POLÍTICO
COMO VENCER DISCUSSÕES POLÍTICAS NA MESA DO BAR

70

MANUAL DE DEBATE POLÍTICO
COMO VENCER DISCUSSÕES POLÍTICAS NA MESA DO BAR
© Almedina, 2021

Autor: Kim Kataguiri

Diretor Almedina Brasil: Rodrigo Mentz
Editor de Ciências Sociais e Humanas: Marco Pace
Revisão: Angelina da Silva

Diagramação: Almedina
Design de Capa: Frederico Rauh

ISBN: 9786586618679
Novembro, 2021

Dados Internacionais de Catalogação na Publicação (CIP)
(Câmara Brasileira do Livro, SP, Brasil)

Kataguiri, Kim
Manual de debate político: como vencer discussões políticas na mesa do bar / Kim Kataguiri
1. ed. – São Paulo : Edições 70, 2021.
Bibliografia
ISBN 978-65-86618-67-9

1. Ciências políticas 2. Ciências políticas – Filosofia 3. Debates 4. Políticos – Brasil
I. Título.

21-55692 CDD-320.51

Índices para catálogo sistemático:

1. Ciências políticas 320

Maria Alice Ferreira – Bibliotecária – CRB-8/7964

Este livro segue as regras do novo Acordo Ortográfico da Língua Portuguesa (1990).

Todos os direitos reservados. Nenhuma parte deste livro, protegido por copyright, pode ser reproduzida, armazenada ou transmitida de alguma forma ou por algum meio, seja eletrônico ou mecânico, inclusive fotocópia, gravação ou qualquer sistema de armazenagem de informações, sem a permissão expressa e por escrito da editora.

Editora: Almedina Brasil
Rua José Maria Lisboa, 860, Conj. 131 e 132, Jardim Paulista | 01423-001 São Paulo | Brasil
editora@almedina.com.br
www.almedina.com.br

Dedico este livro, com muito carinho, para minha mãe, Claudia; minhas irmãs, Gaby, Ju e Lilian; meu sobrinho, Vinícius; a papai, que segue me apoiando e rindo da minha cara lá de cima; e a todos os meus amigos do MBL.

SUMÁRIO

Introdução		13
1.	Bolsonaro Não É Conservador nem Aqui nem na Inglaterra	17
2.	Como os Liberais Refutaram o Socialismo	23
3.	Algumas Considerações sobre o Aborto	29
4.	Das Razões pelas quais um Liberal Defende a Descriminalização da Maconha	41
5.	Liberalismo, Conservadorismo e Política: A Coragem para Entender que as Coisas Não São Simples	49
6.	Cotas Raciais Falharam no Mundo Todo. Não Foi Diferente no Brasil	55
7.	Como o Estado Brasileiro Perpetua a Pobreza a Aumenta a Desigualdade Social	61
8.	As Traições de Jair Bolsonaro	77
9.	Lula Inocente?	83
10.	Cotas para Mulheres Ocuparem Vagas no Parlamento e Movimento Antiaborto	87

11. Racismo Estrutural. 93
12. Guilherme Boulos e a Esquerda Limpinha. 101
13. Preservar o Meio Ambiente é Coisa de Conservador 109
14. Che Guevara. 115
15. Europa – O Lugar Onde o Socialismo Deu Certo 119
16. Por que a Esquerda Leva a Fama de Virtuosa Enquanto a Direita É Infame?. 125
17. Crise de 1929 É Prova de que o Capitalismo Não Funciona?. 133
18. O Fracasso Monumental da Revolução Francesa 143
19. Não É o Machismo que Faz Jogadoras de Futebol Mulheres Ganharem Menos do que Jogadores Homens 149
20. A Prova Cabal de que Lula Não Acredita no Próprio Discurso 155
21. A "Dívida Histórica" que a Esquerda Prefere Ignorar 161
22. Como os Privilégios do Setor Público Aumentam a Desigualdade Social. 167
23. Razões pelas quais Já Passou da Hora de Privatizar os Correios 173
24. Por que a Justiça Trabalhista Tem Natureza Fascista e Prejudica o Trabalhador. 179
25. Marighella: O Terrorista Romantizado pelas Esquerdas . . 185
26. O MST É Um Movimento Terrorista e Eu Posso Provar . . 191
27. PT Tem Natureza Totalitária e Não Deve Jamais Ser Subestimado. 197

28. Esquerda Brasileira Revive Stalin. Enterremos o Zumbi Enquanto É Tempo 209

29. Direita Defende Destruição Ambiental em Troca de Desenvolvimento Econômico? 217

30. Getúlio: Antes de Tudo, um Ditador 221

31. A Farsa do Bom Selvagem 229

32. Keynesianismo: A Feitiçaria por Trás da "Inteligência" de Ciro Gomes 233

33. Como os Petistas Fizeram de Tudo para Aniquilar a Liberdade de Expressão........................... 241

34. E o Tal do Foro de São Paulo? 245

35. Financiamento Público de Campanha: O Mito da Festa da Democracia...................................... 249

36. A Famosa Curva de Laffer: Menos Impostos, Mais Arrecadação 257

37. Meio Ambiente.................................. 263

38. A Cultura da "Carteirada"......................... 269

39. Afinal, para que Serve a ABIN, a "CIA Brasileira"?...... 275

40. Adoção de Crianças por Casais Homossexuais.......... 281

41. A Imprensa e o Ódio da Máquina................... 285

INTRODUÇÃO

Frequentemente me perguntam qual livro eu recomendo para quem está começando a se interessar por política e economia. De pronto, costumo citar meus favoritos: "Livre Para Escolher", de Milton Friedman, "Do Espírito das Leis", de Montesquieu, e "Animal Farm", de George Orwell. O problema é que geralmente quem pergunta está em busca de argumentos e definições para debates do dia a dia, e minhas primeiras duas recomendações são doutrinárias demais para quem anseia usar seus fundamentos numa discussão de mesa de bar. A última, pior ainda, é uma obra de ficção, excelente para ter como referência e fazer analogias com regimes totalitários, mas pouco útil para um debate em que você quer ser entendido por uma pessoa comum, que não se interessa por política.

O resultado é muito visível: a maioria das pessoas que recebem essas recomendações não terminam de ler sequer um único livro recomendado. Eu entendo. É natural que, na correria do dia a dia, as pessoas busquem leituras que tragam elementos que mostrem utilidade imediata no debate político diário, como notícias jornalísticas.

Apesar disso, é fundamental que nos libertemos o mais rápido possível desse debate raso e superficial, muito mais baseado em pessoas e paixões pessoais do que na razão. A superficialidade do debate é produto desse clima de torcida de futebol que foi criado em torno de figuras políticas. As pessoas já não discordam umas das outras, elas simplesmente TORCEM para estar certas. Se o político de um campo adversário toma alguma atitude com a qual o sujeito concorda, ele finge que não viu. Os mesmos olhos fechados são garantidos aos erros, defeitos e contradições de figuras pelas quais nutra simpatia.

A classe política e a imprensa não ajudam. Boa parte dos políticos e jornalistas não sabe o que está falando quando discute ideologias como o liberalismo e o conservadorismo, e certa parte que sabe do que está falando utiliza o próprio conhecimento apenas para enganar, superficializar e polarizar o público e, com isso, obter benefícios pessoais.

Apenas quebraremos esse ciclo de oportunismo, cegueira e turbulência política quando as pessoas tiverem uma noção básica dos conceitos mais elementares e do funcionamento das políticas públicas mais comuns. A partir do momento em que tivermos uma classe média que compreende as bases do debate público, ficaremos menos suscetíveis a populistas de plantão que incendeiam o país e garantem nossa vaga na vanguarda do retrocesso. Digo "classe média" porque, infelizmente, vivemos num país extremamente pobre em que a elite, em regra, é ignorante e patrimonialista, e os mais pobres não têm tempo para pensar em mais nada que não seja sua própria sobrevivência.

Pois bem, tendo em vista essa deficiência em minhas recomendações, decidi escrever um livro para você, pequeno padawan acostumado à velocidade e ao dinamismo da era dos memes e dos cliques. Você que quer se aprofundar no debate político de maneira prática, sempre tendo em vista temas atuais. Neste nosso emocionante passeio, iremos do comunismo soviético até a social-democracia europeia. Falaremos também sobre aborto, maconha e adoção de crianças por casais gays. Trataremos do conceito de conservadorismo e liberalismo, dos princípios e evidências científicas que nos levam a defender o livre mercado, das lições históricas que nos fazem adotar o conservadorismo político. Também falaremos, é claro, de bolsonarismo e lulopetismo. Os capítulos estão na forma de artigos justamente para que o leitor comece pelos temas que mais lhe interessam, a ordem é apenas uma sugestão. Tudo de maneira simples e objetiva, mas ácida, irônica e bem-humorada. Afinal de contas, o escárnio também faz parte do debate político.

1.
BOLSONARO NÃO É CONSERVADOR NEM AQUI NEM NA INGLATERRA

Bolsonaro vive dizendo que é conservador. A imprensa reproduz, transformando conservadorismo em sinônimo de defesa do golpe militar, fiscalização de órgãos genitais alheios e regulamentação da masturbação. Tudo isso criou uma imagem caricata do conservadorismo, um espantalho horrendo, como se o conservador fosse um carola, um fiscal de fiofó. Pois bem, caro leitor, venho lhe trazer um alento, demonstrando que o conservadorismo não tem nada a ver com o que Bolsonaro prega, muito menos com os rótulos criados pela mídia.

Edmund Burke, considerado por muitos – inclusive por este que vos escreve – o fundador do conservadorismo, marcou uma posição histórica em seu livro "Reflexões sobre a revolução na França". Fez uma dura crítica aos meios, apesar de reconhecer que os fins da revolta eram virtuosos, mas sobre isso falaremos com mais detalhes no capítulo sobre a Revolução Francesa. O ponto que quero trazer aqui é que a essência do conservadorismo é acreditar na existência de um pacto intergeracional entre quem já viveu, quem vive e quem viverá. O pacto com quem viveu são as tradições e instituições que herdamos.

Diferente de uma visão rasa, superficial e míope sobre o conservadorismo, que o define como "conservar o que está aí", o conservador acredita que mudanças não são apenas desejáveis, mas necessárias. Ocorre que essas mudanças precisam acontecer dentro das regras das instituições, não por meio de revoluções sangrentas. Isso porque essas revoluções tendem a transformar a política em exercício de fé, fazendo as pessoas acreditarem que todos os males do mundo serão resolvidos através de revolta armada, o que muitas vezes termina em regimes mais sangrentos e autoritários do que aqueles combatidos, como foi o caso da ascensão de Napoleão na França.

Bolsonaro já defendeu o fuzilamento de Fernando Henrique Cardoso em razão de sua agenda de privatizações. Saudou Chávez quando ele ascendeu ao poder, acreditando que ele seria um exemplo de coragem. Defendeu abertamente o fechamento do Congresso Nacional. Eleito presidente, chegou a reunir-se com sua cúpula para discutir o fechamento do Supremo Tribunal Federal. Tudo isso é exatamente o oposto do que Burke pregava. O que Bolsonaro sempre defendeu, e continua defendendo, é uma ruptura institucional, um golpe, uma revolução. Ser revolucionário é o contrário de ser conservador. O conservador respeita as instituições por entender que, por pior que elas sejam, é melhor trilhar o caminho da mudança por elas do que promover um rompimento que possa causar estragos ainda maiores.

Os princípios fundamentais do conservadorismo são a prudência e o ceticismo em relação ao poder. Como o conservador acredita que o ser humano nasce mau (seguindo a boa doutrina de Hobbes), vê toda concentração de poder com desconfiança, afinal de contas, quanto mais poder uma pessoa ou um grupo de pessoas concentrarem, maior o estrago que podem causar. Se tem uma coisa que Bolsonaro definitivamente tem é prudência. Gera crises contra si mesmo toda semana, parece governar de improviso e transforma sua própria boca no principal partido de oposição. Mais: apesar de ter prometido durante a campanha "mais Brasil e menos Brasília", centralizou ainda mais o orçamento na União, carimbando recursos para emendas parlamentares que deixaram de ser fiscalizadas por PEC proposta por Aécio, relatada por Gleisi e apoiada por Bolsonaro em 2019.

Ora, mas Bolsonaro já chegou até a exibir um livro sobre Churchill, um dos maiores conservadores da história do planeta! Como ele pode estar mais próximo de líderes socialistas revolucionários do que do bom e velho partido conservador inglês? Pois bem, saiba que Churchill foi um dos idealizadores da chamada "Nova Ordem Mundial" – não aquela conspiratória de Olavo de Carvalho, mas a real –, que tem na Organização das Nações Unidas (ONU) e no multilateralismo seu principal traço. Bolsonaro, por sua vez, preferiu adotar um nacionalismo tosco. Churchill, apesar de ter mudado de partido duas vezes, algo extremamente raro no bipartidarismo britânico, nunca abandonou seus ideais pró-liberdade e pró-mercado. Bolsonaro sempre foi estatizante e saudosista da ditadura militar, votou contra o Plano Real e as privatizações, foi, na prática, base de todos os governos petistas até o início do segundo mandato do governo Dilma, votando a favor de 80 a 90% dos projetos enviados pelo governo, chamando Dirceu de camarada e batendo continência para Aldo Rebelo.

Segundo Roger Scruton, Russell Kirk e Edmund Burke, alguns dos mais respeitados autores conservadores, estas são algumas das bases do conservadorismo:

1. amor à localidade, que se consubstancia no apreço pela natureza, na preservação do meio ambiente e no cuidado com nosso patrimônio para as gerações futuras. É a famosa união de Burke entre as gerações dos mortos e dos vivos. Essa união, dentro de um sistema econômico dinâmico como o capitalismo, precisa intencionalmente buscar o equilíbrio entre preservação e desenvolvimento econômico. Não preciso nem dizer ao leitor que preservação ambiental está bem longe de ser um dos fortes de Bolsonaro, uma vez que ele nomeou um ministro que caiu por denúncia de conluio com madeireiras, num esquema milionário de corrupção;
2. preservação do legado cultural das gerações passadas, tendo em vista a manutenção das tradições que geram laços sociais, dentro dos quais a economia de mercado pode florescer. A economia de mercado não deve abolir esses laços, assim, o que é da cultura comum, ao longo do tempo, deve ser cuidado. Respeito à cultura também nunca foi o forte de Bolsonaro, pelo contrário, a nomeação de figuras bizarras em setores fundamentais para a preservação da cultura brasileira demonstra o desprezo do presidente por este que é um dos bens mais precioso que temos. Só para citar alguns exemplos, tomemos os nomes, que falam por si, de Sergio Camargo, Dante Mantovani e Roberto Alvim – aquele, do discurso nazista. A educação, parte fundamental para a manutenção, conservação e construção de uma cultura nacional, retrocedeu sob a gestão de Bolsonaro, que havia recebido uma bem trabalhada reforma do ensino médio da gestão Temer e até agora tem entregado uma geração perdida, que jamais recuperará os prejuízos sofridos;

3. a manutenção da base jurídica de um país, o que pressupõe a tentativa de reduzir a corrupção na medida do possível. Uma das grandes reformas que Burke idealizou e tentou passar no parlamento britânico foi aquela que reduzia o poder do rei George III e impunha algumas barreiras ao sistema de patronagem – corrupção institucionalizada *whig*; Burke também era um *whig*. Aqui o negócio vira banho de sangue. Sei de cor e salteado todas as vezes que Bolsonaro traiu a direita brasileira com o assustador avanço da operação abafa, que busca blindar sua família e os políticos do centrão contra operações anticorrupção. Vamos a algumas delas: limitação de delação premiada; juiz de garantias; Aras na Procuradoria-Geral da República (PGR); Kassio Nunes no Superior Tribunal Federal (STF); tentativa de extinguir o Conselho de Controle de Atividades Financeiras (COAF) via Ministério Público (MP); sucateamento do COAF; apoio à PEC da impunidade; enterro da PEC da prisão em 2ª instância; afrouxamento da lei de improbidade administrativa; afrouxamento da lei da ficha limpa; fim da fiscalização de emendas parlamentares; orçamento secreto para compra de apoio – tratoraço ou, como prefiro, Bolsolão –; participação e chefia do esquema de rachadinhas envolvendo Flavio Bolsonaro – as provas com extratos da conta bancária de seus assessores já vazaram, só não viu quem não quis –; acusação de esquema de corrupção com madeireiros via Ricardo Salles; prevaricação na omissão diante da corrupção do contrato da Covaxin etc. etc. Se tem uma coisa que Bolsonaro não faz é manter a base jurídica do país/combater a corrupção.

Em pontos essenciais como preservação da cultura, avanço da educação, preservação e cuidado com o local e com o ambiente, melhoria da cultura institucional e avanço na economia de mercado, o governo Bolsonaro foi fraco, incompetente, inábil e, muitas vezes, regressivo.

Por isso ele traiu a direita. Ele trocou o que seria seu papel histórico, assumindo a presidência enquanto direitista depois de mais de uma década de esquerda no governo, pela conveniência de se manter no poder, ainda que abandonando todos os meios de implementar um projeto verdadeiramente conservador no Brasil, e tendo, por fim, a desfaçatez de querer monopolizar o nome conservador para si mesmo, ganhando com isso o apoio de milhões de conservadores iludidos pela máquina de assassinatos de reputações e de propaganda governista.

Apesar de tudo isso, é inevitável que as esquerdas discursem aos quatro ventos durante os próximos anos que Bolsonaro é exemplo de conservadorismo e liberalismo e, por isso, seu governo fracassou. Dirão que o desastre sanitário é prova de que a direita não tem coração e que a crise econômica é prova de que o liberalismo só beneficia meia dúzia de banqueiros. Esse tipo de populismo e demagogia infelizmente faz parte do jogo político. Teremos de lidar com esse desastre assim como a esquerda teve de lidar com o governo Dilma. Bolsonaro em dois anos causou uma destruição ideológica que o PT demorou 13 anos para atingir.

Referências

BBC News Brasil. "Quem foi Winston Churchill, cujo livro foi mostrado por Bolsonaro em discurso". 29 out. 2018. Disponível em: <https://www.bbc.com/portuguese/brasil-46013949>. Acesso em: 29 jul. 2021.

2.

COMO OS LIBERAIS REFUTARAM O SOCIALISMO

Uma das coisas mais interessantes que aprendi lendo o filósofo Arthur Schopenhauer é que não existe essa história de que "pode funcionar na teoria, mas na prática...". Isso porque, se não funciona na prática, há algum furo na teoria. A teoria está ignorando algum aspecto da vida real e, portanto, está errada. Digo isso porque escuto muitos liberais e conservadores dizendo que o socialismo é um sistema muito bonito na teoria, mas que não funciona na prática. Não é verdade. O socialismo não é bonito na teoria e não funciona na teoria. Justamente por isso é possível refutá-lo sem sequer experimentá-lo. Não é porque todas as tentativas de socialismo da história fracassaram que o socialismo sempre fracassará. Ele sempre fracassará porque suas contradições teóricas tornam impossível sua implementação. Explico.

Você já deve ter ouvido o termo "mercado". De acordo com a esquerda, é um monstro maligno a quem os capitalistas e a direita servem, como escravos de um Deus caprichoso. O "mercado", sempre muito mau, se diverte esmagando pobres e aumentando os próprios lucros. Trata-se de entidade dotada de moral, vontade, anseios e desejos próprios.

Como não poderia deixar de ser, a definição da esquerda está errada. O "mercado" nada mais é do que o somatório de forças econômicas. O maior dos bancos faz parte do mercado tanto quanto o mendigo que pede esmolas e as usa para comprar um pouco de comida. É óbvio que é impossível compará-los em magnitude, mas, em qualidade, ambos são "mercado".

Nós, os consumidores – e todos somos consumidores em certa medida – fazemos um enorme favor ao mercado: damos preços às coisas. À medida que nosso desejo nos leva a usar nosso dinheiro, que geralmente foi adquirido por meio da venda do nosso tempo no mercado de trabalho, ou seja, trocamos o tempo livre por uma ocupação que foi útil a alguém a ponto de sermos pagos por isso, para comprar alguns bens e serviços em detrimento de outros – e à medida que cada pessoa faz escolhas semelhantes –, o mercado consegue dar preço às coisas.

Aliás, sobre a troca de tempo livre por uma ocupação que foi útil a alguém, é importante ressaltar que esse é um dos principais furos da teoria da mais-valia de Karl Marx. Isso em razão de uma das suas premissas básicas é a teoria do valor-trabalho, do liberal David Ricardo. A teoria do valor-trabalho diz que o valor de um produto é determinado pela quantidade de trabalho humano necessário para produzi-lo. Sendo assim, o burguês apenas enriqueceria tomando para si parte do trabalho do proletariado e o transformando em lucro, afinal, já que não dá para espremer ganhos cortando custos nos insumos, nas máquinas ou nas instalações necessárias para a atividade industrial, a única brecha existente para exploração seria o próprio trabalho dos operários.

O furo na teoria do valor-trabalho é muito simples de demonstrar. Vamos supor que você passe um ano inteiro cavando um buraco no seu quintal. Seu vizinho, por outro lado, passa o ano ordenhando algumas vaquinhas e produzindo queijo. Ao final do ano, você terá produzido um buracão e seu vizinho terá obtido um estoque de queijos. O que vale mais? Segundo a teoria do valor-trabalho, ambos os produtos têm o mesmo valor, afinal, a mesma quantidade de trabalho humano foi colocada. Apesar disso, é óbvio que o estoque de queijos vale mais pelo simples fato de que o buraco que você abriu no seu quintal é absolutamente inútil para a sociedade, o que significa que ninguém irá querer comprá-lo, visto que não é o trabalho humano que determina o valor das coisas, mas uma série de fatores subjetivos que levam pessoas a querer consumir o produto "a" ou o produto "b".

Essa é a chamada teoria da utilidade marginal, surgida na revolução marginalista. O valor da utilidade marginal se define como sendo o valor, para o consumidor, representado por uma unidade adicional de alguma mercadoria. Por exemplo: vamos supor que eu esteja com sede depois de fazer muitos exercícios – perceba que o exemplo é claramente teórico – num dia de muito sol e calor. Uma garrafa de vidro de coquinha gelada possui, nesse caso, para mim, uma utilidade enorme. Essa utilidade diminui conforme eu for consumindo mais garrafas de coquinha. É possível até que cheguemos na chamada utilidade marginal negativa, que é quando eu já tomei tanta coquinha que, caso tome mais uma, teria, sei lá, uma diarreia.

Voltemos ao sistema de preços: se todos optam por comprar lentilha em vez de feijão, o mercado vai entender o recado. Mais gente vai produzir e vender lentilha do que feijão. O preço da lentilha sobe; o do feijão, desce. Se todos consomem filmes estrangeiros em detrimento dos nacionais, o mercado passa a oferecer mais filmes estrangeiros ao público, porque entende que eles "valem" mais, afinal, os consumidores os desejam mais.

Mas essa história de preço e mercado é coisa de capitalista, né Kim? Como nós caminhamos, inevitavelmente – como previa Marx –, ao socialismo, não vamos ter que nos preocupar com isso. Certo?

Bem errado. O socialismo é impossível. Você pode tentar, mas não vai chegar nele. Talvez consiga implementar a tal da ditadura do proletariado, mas garanto-lhe que vai ter muito mais ditadura do que proletariado nesse novo regime.

No sistema socialista há um ente (Estado) que controla os meios de produção. Não há competição entre empresários, o Estado define os preços. E como o Estado sabe se a lentilha deve valer mais ou menos que o feijão? Basicamente, não sabe. Os preços são definidos sem atenção às necessidades/desejos dos consumidores. O Estado teria que alocar os fatores de produção e definir os preços às cegas.

E o grande problema de não possuir o instrumento de planejamento mais poderoso do mercado, o preço, é não conseguir, justa e ironicamente, planejar a economia, como pretendem Estados socialistas. Ora, se não há como saber o quanto as pessoas precisam de toalha ou de sabonete, como planejar a produção desses bens com uma planilha que organize os meios de produção estatais para os próximos, digamos, cinco anos? Impossível. Sem meios de produção privados, não há sistema de preços. Sem sistema de preços, não há planejamento central. Sem planejamento central, não há socialismo. É isso que o economista Ludwig von Mises nos ensina, ainda em 1920, em seu livro "O cálculo econômico sob o socialismo".

"Mas Kim, não é possível que uma teoria tão difundida possua um erro tão crasso em seu principal alicerce. Regimes socialistas existiram, certo? Como eles lidaram com esse tipo de problema?". De uma das maneiras mais ridículas, amadoras e surreais possíveis. Peguemos o exemplo da União Soviética. A ditadura comunista pegava catálogos americanos para saber a oferta e a demanda – os preços – dos produtos e baseava seus planos de produção estatais naqueles dados. É óbvio que distorções gigantescas ocorreram, porque aqueles preços eram referentes à realidade, aos anseios, aos desejos e às necessidades americanas, não às soviéticas. Não causa estranheza um regime ser capaz de enviar um homem numa viagem espacial em torno da Terra, mas não ser capaz de planejar-se para produzir toalhas de banho ou papel higiênico para sua população? Pois é, os comunistas aprenderam que é mais fácil enviar um homem para o espaço do que juntar milhares de burocratas para tentar adivinhar a quantidade de sabonete a ser produzida. O planejamento de uma viagem espacial, envolvendo toda a tecnologia necessária para tanto, é muito mais simples do que o planejamento de toda uma economia.

Apenas para se ter uma ideia do quanto é complexo organizar um sistema econômico, imagine que você é o administrador do sistema soviético. Você deve determinar o preço de milhões de produtos e serviços, centenas de milhares de salários e alocar uma função possível (dentre milhões) para os mais de cem milhões de habitantes. Por melhor que você seja, é impossível alocar estes recursos de forma eficiente. Caos e escassez. Gente que agregava pouco valor à sociedade recebendo muito e funções fundamentais sendo marginalizadas. Isso em razão de que um burocrata, ou corpo de burocratas, só seria capaz de planejar toda a economia de um país caso fosse onisciente, onipresente e onipotente. Essa é a verdadeira natureza do socialismo, substituir a fé religiosa por uma crença inabalável no Deus Estado.

O economista e prêmio Nobel Milton Friedman, em seu livro "Livre Para Escolher", ainda chama atenção para outro aspecto fundamental: é impossível determinar artificialmente os preços sem instaurar uma ditadura. Isso porque os preços são resultado das escolhas de cada indivíduo, seja a decisão de onde, como, quando e o quanto trabalhar, em que locais e com que produtos passar seu tempo livre e que itens incluir em sua alimentação diária. Planejar a economia de maneira centralizada significa ter de obrigar pessoas a trabalharem em determinados setores e a consumirem determinados produtos, tudo decidido de maneira arbitrária por um grupo de burocratas. Por não refletir a natureza humana e ter sido desenhado por intelectuais, em vez de ter surgido naturalmente, o socialismo só existe se for imposto com base na força, obrigando as pessoas a fazerem aquilo que o Estado manda, independentemente de suas vontades.

Por isso, sempre que for debater com um socialista, lembre-se: o socialismo não é bonito nem em teoria. Sua natureza e implementação envolvem, já na sua tese, a instauração de um regime autoritário e um controle arbitrário sobre onde as pessoas devem trabalhar e o que devem consumir. Ainda que uma revolução fosse conduzida apenas com as melhores intenções – o que nunca será o caso, porque sempre envolverá seres humanos, seus interesses e perversões –, o socialismo fracassaria retumbantemente. É como o projeto de um avião incapaz de voar. Não importa o piloto ou a qualidade das peças, por mais que você construa novos aviões do zero, eles nunca sairão do chão.

3.
ALGUMAS CONSIDERAÇÕES SOBRE O ABORTO

FRANCISCO RAZZO

O aborto como problema filosófico

Geralmente define-se aborto como ato voluntário de interromper a gestação e cuja consequência inevitável é a morte de uma pessoa em condição embrionária e o risco de morte da própria gestante. Toda decisão humana, não só a do aborto, precisa ser amparada em *crenças justificadas*. Para quem decide, a crença sustenta a melhor escolha a ser feita. Por exemplo, sair de um estado de crise e profundo sofrimento e encontrar um estado de conforto e bem-estar. Para defensores do aborto, decidir pela prática é conseguir sair de um estado de crise para, supõe-se, alcançar um reino de paz, justiça e liberdade.

O movimento da ação humana sempre procura realizar o que há de melhor em nós – embora o *fim* de uma ação nem sempre seja o mais claro para o agente moral. O aborto é uma escolha e, por isso, precisa ser moral e filosoficamente justificado. Como o velho Sócrates, acredito que ninguém cometa esse erro *voluntariamente*. Em todos os níveis, parece uma monstruosa contradição moral uma mãe desejar matar o próprio filho. Portanto, o problema é ignorar o que está em jogo quando se pratica um aborto. Temer consequências sociais, reprovação e julgamentos de terceiros por uma gravidez indesejada, arcar com encargos de um filho...

Isso significa dizer que, se o aborto não for uma escolha voluntária, não há problemas morais em torno do problema do aborto. Existe a possibilidade de se ignorar o que seja um embrião.

A filosofia, neste caso, está interessada no fundamento ético do aborto. Numa palavra, não haveria problema no aborto se houvesse decisão abortiva. Aliás, uma das estratégias de defensores da legalidade do aborto consiste justamente em reduzir a experiência do aborto a um drama pessoal: "ninguém defende o aborto, defende-se o direito de a mulher interromper a gestação sem quaisquer prejuízos legais". Em linhas gerais, não se trata de uma pessoa, mas da vida da mulher, de sua autonomia enquanto mulher.

Quem acredita ser o aborto uma opção legítima alega que a vida da gestante vale mais que a vida do embrião. Muitas vezes por medo e insegurança, pessoas tomam decisões ruins. Independentemente dos motivos que levam alguém a optar pelo aborto, é preciso colocar esse debate público na perspectiva de seus fundamentos: *afinal, quem morre num aborto?* Se uma mulher opta por abortar, não estaria antes optando por *matar*?

Na vida moral, as tensões humanas não se apresentam com o rigor matemático. Há paixões e dramas envolvidos, há incertezas que não podem ser desconsideradas por um racionalismo hipócrita. Aborto é opção apenas em virtude de o nascituro ser tratado como o polo mais vulnerável, e até desprezível, da relação gestante-embrião: um ser humano não pessoa, um estorvo, um pilho.

No caso do aborto, a liberdade e a autonomia de uma mulher dependem da estima que cada pessoa tem por si mesma. Isso não se reduz a uma fórmula psicológica do tipo "sofrerei se levar a gestação adiante, logo tudo me é permitido". No limite, trata-se de emotivismo em que sentenças morais não têm significado. Tudo é subjetivo. Valores morais também devem ser. Por mais dramática que seja, não há escolhas no vazio – há sempre crenças que justificam decisões. Há um *fim*, toda escolha tende a realizar um valor último.

A decisão do aborto pode ser só a declaração de fracasso, a incapacidade de não saber lidar com as consequências não intencionais de uma aventura sexual.

No caso do aborto, há a crença de que não há prejuízos morais para o embrião. Ele não é digno de ser reconhecido como membro da comunidade moral humana. É ser humano, mas não é pessoa. Toda escolha depende de crenças que mobilizam ações e as crenças e dramas se entrelaçam de maneira complexa e deixam cicatrizes para toda a vida. Pergunta simples e problemática: o embrião pode ser considerado uma pessoa?

Precisamente neste sentido a reflexão filosófica deve contribuir com o debate público a respeito do aborto: como aquela atividade que nos ajuda a autoavaliar de modo racional o fundamento de nossas crenças e condutas, fazer as distinções corretas, indagar de forma crítica as condições de possibilidade dessa escolha.

Colocar o debate público do aborto numa perspectiva filosófica significa o seguinte tratá-lo de duas maneiras distintas e interconectadas. A primeira abordagem pergunta pelo estatuto antropológico e moral do embrião. Se aquele indivíduo da espécie humana, em estado intrauterino, for concebido como pessoa, a este mesmo indivíduo deverá estar garantido o direito à vida, como é garantido para qualquer outro indivíduo.

A segunda abordagem traz para o centro do debate a autonomia do corpo da mulher. Mesmo o embrião sendo uma pessoa, a mulher teria o direito de interromper a gravidez apenas por ser a dona do próprio corpo; o embrião não passa de um intruso parasita – tal como reza a tese libertária.

Por sua vez, não faz sentido falar em argumentos "não morais" ou apenas de "saúde pública". Toda decisão humana, planejada e pensada, mesmo quando o peso da dor dificulta essa escolha, ainda é moral. Falar em "autonomia da mulher" é necessariamente um tema moral. Moral é ação regulada por uma medida interna determinada pela vontade livre. Agir por impulso é coisa de bicho. Os seres humanos, enquanto pessoas, participam de uma comunidade moral e não apenas de um "reino animal".

Mas o homem não tem lugar de fala...

Para manifestar pensamentos e defender crenças, você precisa de inteligência, liberdade e consciência, não de útero. Impressionante como nessa hora as diferenças fisiológicas e anatômicas, que determinam a identidade de gênero, são reabilitadas para demarcar as posições sociais. Agora mulher já não é mais um *constructo social*, mas a única que pode decidir a respeito da vida humana.

Há mulher, determinada pela anatomia do corpo feminino, e há homem, determinado pela anatomia do corpo masculino. Embora mais complexo do que isso, o conceito de "lugar de fala" nada mais é do que o verniz retórico para calar quem discorda de você no debate público. Ora, baseado em quê, senão na tirania, alguém pode dizer: "você não tem legitimidade para falar desse assunto no debate público"?

Não se deve debater com projetos de ditadores; quem age assim, inventando estratégias para calar o adversário, não pode ser tratado como interlocutor, porque já negou para si mesmo qualquer possibilidade de interlocução. Se vivemos realmente uma guerra de narrativas, é preciso encontrar critérios para uma guerra justa, critérios demarcados pela razão. Ou seja: debater filosoficamente um tema é a única forma de suspender o estado de violência instaurado pela teoria do lugar de fala.

O problema do lugar de fala no tema do aborto negligencia o fato de que um embrião só vem a ser o que é devido à decisão de duas pessoas: *homem* e *mulher*. Trata-se de uma parceria, uma parceria que envolve tanto o homem quanto a mulher. E o homem sabe – ou pelo menos deveria ser obrigado a saber – muito bem que tem obrigações morais com o filho. Abandono não é aborto, e não há campanhas pelo direito de o homem abandonar seus filhos. Se aborto é um tema de mulher, e só elas podem dar legitimidade à causa, consequentemente não há razão para obrigar um homem a reconhecer seu filho. De fato, homens não têm lugar de fala, assim como as mulheres. Ao contrário, ambos têm obrigações para com seus filhos.

Com relação à discussão filosófica, a capacidade de dar razões e justificar crenças não depende de gênero. Tudo pode ser colocado em questão na perspectiva da reflexão filosófica. O horizonte da discussão filosófica é ilimitado. No tema do lugar de fala se confunde o drama da experiência da mulher que tomará uma decisão com a discussão objetiva, argumentativa, portanto, a respeito dos fundamentos morais dessa decisão.

No que diz respeito à experiência do drama, a compaixão é a capacidade de se colocar no lugar do outro, compartilhar com ele os dramas de seu sofrimento. Levado às últimas consequências, a tese do lugar de fala anula a experiência de compaixão. Ninguém mais seria chamado a se colocar no lugar do outro. Não à toa o amor é reduzido a um sentimento banal e não a uma força que libera os seres humanos de sua bestialidade.

Feminismo e aborto

Do ponto de vista histórico, a chamada primeira onda do feminismo, de 1848, estava muito mais preocupada com as condições civis das mulheres do que com aborto. Era óbvio para esse movimento que o eixo do aborto girava em torno do estatuto moral do embrião – sem colocar dúvidas sobre isso.

O tema do aborto só apareceu associado ao movimento feminista a partir de Margaret Sanger, com sua agenda racista de controle de natalidade, depois da fundação da Liga Americana de Controle de Natalidade, em 1921. A *Planned Parenthood*, atualmente a maior clínica de promoção do aborto do mundo – que em 2015 esteve envolvida no escândalo de vendas de órgãos de embriões abortados –, tem origem nesse ímpeto eugênico.

O aborto, como autonomia do corpo da mulher, ganhou destaque com a segunda onda do feminismo, a partir da década de 1970. Como disse a filósofa e feminista Camille Paglia, essas feministas transformaram o aborto em sacramento promovido com devota religiosidade (aqui no Brasil, a devoção ao aborto chegou em 1993 com as farsantes do grupo conhecido como *Católicas Pelo Direito de Decidir* – lembrando-se que elas não são católicas, só usam o nome para enganar fiéis ingênuos).

Lamentavelmente, o feminismo atual transformou o aborto em sua sacrossanta bandeira. Como se a liberação do aborto libertasse as mulheres de todos os dramas. O feminismo não fala em nome das mulheres, mas está a serviço da afirmação de suas ideologias. Nada contra, pois todos têm direitos a uma ideologia. O problema é quando essa ideologia não vê pudor em reduzir uma pessoa a um desprezível amontoado de células e em usar de estratégias para ganhar adeptos, como se aborto fosse só um contraceptivo.

Religião, moral e dignidade: o que significa ser uma pessoa?

Para o religioso, não há ligação necessária entre ser contra aborto e ser religioso. Para a convicção moral, sim. Não se trata mesmo de uma questão necessariamente ligada a uma crença religiosa, mas muito mais de saber responder racionalmente se o embrião é uma pessoa merecedora de todo respeito moral e proteção legal. Em suma, é absolutamente possível ser ateu e contrário ao aborto.

Tradicionalmente, o tema da dignidade da pessoa tem raízes na antropologia cristã. Sua compreensão não depende de fé na revelação, mas naquilo que os teólogos cristãos chamavam de "razão natural". Em outras palavras, a pessoa se revela para o ser racional e não depende do salto da fé. Apesar de não haver problema em qualquer um declarar publicamente sua fé e se posicionar contrário ao aborto nessa perspectiva, considerando que a laicidade do Estado e a liberdade religiosa de todo e qualquer cidadão.

Para responder se um embrião é uma pessoa e quais requisitos devem ser considerados para alguém ser membro de uma comunidade de pessoas, deve-se olhar para a antropologia filosófica, cuja pergunta fundamental é: *o que é uma pessoa? O embrião é uma pessoa?*

Ser pessoa significa dizer o seguinte: ter um corpo – que do ponto de vista da experiência é fonte de relações intersubjetivas – já é condição necessária e suficiente para ser uma pessoa. O conceito de "corpo", como categoria antropológica e não só biológica, merece mais atenção por parte de quem debate o assunto. Não se trata de um debate para saber se o embrião é um ser vivo. Viva até uma célula cancerígena é. A questão é ser capaz de responder, objetivamente, se: 1) O embrião é uma pessoa *desde o momento da concepção?* 2) Se não for uma pessoa desde o momento da concepção, *quando um ser humano deve ser considerado uma pessoa?*

O caso é que a dignidade não se obtém como um título concedido por uma autoridade externa, por um pacto ou um ato voluntário de um comitê para decidir quem tem ou não tem, se *"isto é pessoa ou isto não é"*. Ou a dignidade está lá, desde sempre, ou não estará, para sempre. A nenhum homem foi dado o direito de decidir quem tem ou não essa propriedade essencial que nos torna humanos.

A pessoa humana – este ser particular que receberá um nome – é um ser cujo valor coincide com o fato: para o homem, o fato de ser já é um valor. Superamos a linha da animalidade do primeiro instante ao último. O animal no homem é uma ilusão criada por aquele insuportável excesso de certeza. Deixemos de lado a questão da origem.

A questão em disputa sobre o aborto não tem nada a ver com o problema de quando a vida começa, mas se a proprietária do útero tem o direito de interromper a gestação quando bem entender.

Não há direito de autonomia do corpo. O corpo não é uma *propriedade* da mulher, mas a própria manifestação de sua pessoa individual no mundo. Uma pessoa é, acima de tudo, o seu próprio corpo. Pessoa não *tem* corpo, *é* corpo. Não há dualismos. Somos uma unidade mente-corpo. E só o nosso corpo tem uma configuração muito específica para fazer emergir a mente consciente.

A experiência humana mais elementar não diz que eu não tenho um corpo só depois de me tornar consciente; na verdade, eu sou meu corpo desde o momento da concepção e minha consciência será o resultado do meu autodesenvolvimento como pessoa convivendo com outras em uma relação interpessoal.

A dignidade de uma pessoa, invisível ao método das ciências naturais, não muda conforme as mudanças biológicas. No caso da experiência humana, a descrição dos processos biológicos depende, antes de tudo, de um critério antropológico pressuposto em cada etapa da nossa relação humana. Por isso uma mulher, quando descobre sua gravidez, não diz "estou grávida de uma entidade biológica", mas pode dizer com absoluta certeza "estou grávida de um filho", e dessa experiência sentir as incomensuráveis alegrias e os complexos desafios da maternidade.

Reduzir o embrião a objeto biológico é ato tirânico da abstração que retira daquele corpo vivo e presente o fundamento de sua realidade pessoal. Magicamente a pessoa em condição embrionária deixa de ser alguém para ser tratada como coisa. Como alguém, recebe um nome e poderá viver a aventura de ser filho, neto, sobrinho, irmão, amigo...;

como uma coisa, como um mero amontoado de células, um parasita, ela pode ser sacrificada no altar de nossas irresponsabilidades.

Quando, como e por que reconhecimento e respeito moral deverão ser exigidos para uma pessoa? Quando a comunidade dos mais fortes, arbitrariamente, resolver reconhecer esse direito? Depender de decisões arbitrárias significa perder a dignidade pela disputa cega de poder.

A declarada guerra contra os fracos e o ódio ao sofrimento humano

Uma das melhores respostas a respeito desse problema pode ser encontrada nestas reflexões do filósofo francês Jean-Luc Marion:

> Não basta pôr os olhos sobre uma face para vislumbrar o outro que se expõe: [...] O rosto torna-se verdadeiramente o fenômeno de um homem quando faz surgir uma pessoa, essencialmente definida como eixo e a origem de suas relações. Se olhar um rosto implica ler aí esse feixe de relações, eu não vejo senão que se experimente aí uma ideia de infinito, a saber, este centro de relações não objetiváveis e irredutíveis a mim. Experimentar o infinito (a presença irredutível) no rosto de outro nada tem de uma fórmula: trata-se de um comportamento verificável pela experiência: diante de um rosto desfigurado (pela pobreza, pela doença, pela dor etc.) ou reduzido às suas formas extremas (a vida pré-natal, o coma, a agonia etc.), posso ou não vê-lo, não reconhecendo mais aí outro efetivamente para mim; ou "ver" ainda aquilo que, no entanto, eu não vejo mais naturalmente – o fenômeno absoluto de outro centro do mundo, em que habita meu semelhante e cujo olhar sobre mim permite viver graças

a ele. Mas para ver este rosto invisível [pense em um embrião], é preciso que eu o ame. O amor na caridade. Por isso, é preciso sustentar que o fenômeno natural do rosto do outro não se pode descobrir senão à luz da caridade. Sem a revelação da transcendência do amor, o fenômeno do rosto, portanto [o reconhecimento da presença do outro, mesmo afetado por uma doença], não pode simplesmente se ver.

Diante de uma pessoa nunca estamos diante de um "amontoado de células". Quando estamos diante da "presença" de alguém em condições tão extremas, como a vida embrionária, para além da constatação puramente natural de um ente biológico, encontramos a nós mesmos. Não se apaga o sofrimento do mundo sem destruir o ser humano, sobretudo o mais vulnerável. A legalização do aborto não fará do mundo um lugar melhor; apenas continuará reafirmando a indiferença dessa terra devastada.

4.
DAS RAZÕES PELAS QUAIS UM LIBERAL DEFENDE A DESCRIMINALIZAÇÃO DA MACONHA

A maconha deve ser legalizada. Isso não significa que eu seja favorável ao seu uso – pessoalmente não me agrada e não recomendaria a ninguém que usasse – ou que ela não faça mal à saúde. Porém, tendo em vista que o estado de natureza do homem é a liberdade, que qualquer cerceamento a esse direito por parte do Estado deve ser muito bem justificado por este – geralmente para proteger outros direitos fundamentais, como a vida ou a propriedade – e que a experiência da criminalização foi um completo desastre, com fortalecimento de organizações criminosas e a disseminação de produtos de qualidade duvidosa, todo liberal que se preze deve ser a favor do direito de portar, comprar, vender, plantar e fumar maconha.

Vamos por partes. Maconha é uma droga. Como toda droga, pode causar prejuízos à saúde, alguns graves e irreparáveis. Ainda, é um dever ético de quem vende drogas alertar os usuários sobre efeitos prejudiciais e lembrá-los que há uma idade mínima para o consumo, uma forma de uso mais responsável e da necessidade, por vezes, de acompanhamento médico – farmacêuticas e fabricantes de bebidas alcoólicas fazem isso o tempo todo. Por isso, eu não estou te incentivando a usar maconha, assim como não estou te incentivando a beber vinho ou a tomar Prozac, ok? Portanto, nada de ir ao Ministério Público dizendo que eu faço apologia ao crime.

Terminado o parágrafo antiprocesso, sigamos. Maconha – que é uma droga – é boa? Bem, vinho é bom? E Prozac? Eu gosto de tomar vinho, mas reconheço que tem gente cuja vida é destruída pelo álcool. Quantas famílias já não sofreram pelo fato de um pai ou uma mãe serem alcoólatras? E quantos acidentes de trânsito fatais não foram gerados por culpa do álcool? Isso sem falar nos crimes, até contra a vida, causados por conflitos envolvendo álcool. Eu gosto de tomar vinho, mas não dirijo após tomar, nem tomo vinho no trabalho – mesmo porque eu dormiria ao vivo no plenário gravado pela TV Câmara, caso o fizesse.

Nos EUA, há uma epidemia causada pelo mau uso de medicamentos, inclusive antidepressivos como Prozac. Muitas pessoas usam-no como uma forma de escape, de maneira irresponsável e com consequências trágicas. E muitas pessoas usam essa droga com rígido acompanhamento psiquiátrico e conseguem um bom resultado, reerguendo-se de uma terrível depressão. O Prozac salvou e salva muitas vidas.

Por que a garrafa de vinho pode ser comprada no supermercado, o Prozac na farmácia e a maconha precisa ser comprada na boca do tráfico? Quando compro uma garrafa de vinho, o faço com cartão de crédito, no supermercado, pagando impostos e gerando empregos. Quando alguém compra Prozac, o faz na farmácia, sob supervisão de um farmacêutico, que atua sob regras rígidas. O Estado tem muito mais controle sobre o vinho e sobre o Prozac do que sobre a maconha.

Insistimos no erro da criminalização das drogas, mesmo após décadas de uma falida "guerra às drogas" que tudo o que fez foi transformar nossas cidades em campos de guerra civil, vide o Rio de Janeiro e o centro de São Paulo. Não seria mais útil se pudéssemos comprar maconha numa loja especializada, que operasse sob regras sanitárias rígidas, terminantemente proibida de vender para menores de idade e que recolhesse pesados tributos ao Estado? Por que, ao invés desse modelo, preferimos dar aos traficantes – criminosos extremamente cruéis, ao contrário do que a esquerda nos quer fazer crer com seu ridículo "narcolirismo" – o monopólio sobre a venda de maconha?

Ah, mas legalizar a maconha só vai fazer com que os traficantes mudem de ramo no mercado do crime. É verdade. Seria infantil pensar que, em caso de legalização, os criminosos competiriam dentro das leis e abandonariam a vida de crime. Os grandes traficantes estão envolvidos em organizações que sistematicamente cometem crimes para enriquecer, manter seu poderio e eliminar adversários: contrabando, lavagem de dinheiro, roubo, furto, homicídio etc. A grande questão não é fazer com que os canalhas deixem de ser canalhas, mas diminuir o seu poder, quebrando o monopólio da produção e da venda que hoje eles detêm. Não tenho dúvidas de que Al Capone cometeria crimes caso a bebida fosse legal nos EUA de sua época, mas sem dúvidas, sem o império que ele construiu com o dinheiro do tráfico, não passaria de um trombadinha.

Repito: não acho que o uso da maconha, em si, seja bom. Pessoalmente, me entupo de Coca-Cola e sei que isso é péssimo para minha saúde. Agora, o fato de pessoas abusarem do álcool não me faz advogar pela proibição das bebidas alcoólicas. Ai do governo que ousar proibir ou regulamentar minha Coca-Cola! – pode parecer absurdo, mas cada vez mais os Estados europeus, por exemplo, seguem na linha de limitar, regulamentar, sobretaxar e, em alguns casos, até proibir produtos açucarados. Basta ver a experiência catastrófica que foi a proibição da venda de álcool nos EUA. A máfia passou a vendê-lo ilegalmente e a usar o dinheiro para expandir suas atividades criminosas, o Estado perdeu milhões em arrecadação, as pessoas passaram a consumir mais álcool de baixa qualidade etc. Enfim, foi uma das piores políticas públicas já implementadas.

Vou mais longe. Não faz sentido algum que as armas sejam proibidas. Quando uma pessoa quer cometer um crime, consegue comprar uma arma de um traficante de armas sem muita dificuldade. Basta ver os arsenais dos criminosos cariocas e paulistas; os traficantes têm à sua disposição verdadeiros exércitos, com equipamentos sofisticadíssimos, com os quais conseguem afrontar as polícias em confronto aberto. Bandido não compra arma legal. É mais caro, mais burocrático, torna o portador mais fácil de rastrear e ainda há restrição de calibre. Por trás de tudo isso, há um lucrativo esquema de venda de armas, que está interligado com o crime organizado como um todo.

Quem não tem acesso às armas são as pessoas que as querem adquirir legalmente, para uso esportivo ou para defesa de suas famílias. Esses viram presas fáceis dos narcotraficantes e dos criminosos em geral.

Se permitíssemos que as armas fossem comercializadas sem a burocracia impeditiva de hoje, poderíamos ter um controle efetivo sobre quem as compra, bem como um cadastro nacional que funcione verdadeiramente. Lucraríamos muito com os impostos e daríamos um golpe no crime organizado, que perderia um grande negócio.

Evidentemente, um país com armas legalizadas não significa um velho oeste onde todos saem atirando a qualquer momento. Quer um exemplo de um país muito bem armado? A Suíça. E você não pensa na Suíça como um lugar muito violento, não é mesmo? EUA, Israel, Uruguai, Paraguai, todos países com porte de arma liberado e que abrigam muito menos crimes violentos proporcionalmente do que o Brasil.

Os argumentos antiarmamentistas não se sustentam. Armas legais não acabam nas mãos de bandidos; bandidos têm meios próprios para conseguir armas – basta ver, de novo, o arsenal dos narcotraficantes. Esses armamentos são importados ilegalmente.

E por favor, leitor, não se limite a dizer "armas matam". Como diria Benê Barbosa, estudioso da questão do desarmamento, armas matam da mesma forma que carros atropelam e facas esfaqueiam. Vamos proibir carros e facas? E também não diga que a legalização das armas vai gerar uma série de mortes por motivos banais, como uma briga de trânsito. O sujeito que mata em razão de uma briga de trânsito já mata hoje, com ou sem arma. Mais: no modelo em que eu pessoalmente defendo, crimes cometidos com armas de fogo seriam muito mais rigorosamente punidos do que hoje, justamente para que haja responsabilidade no porte. Sacou a arma em público sem que houvesse nenhuma ameaça plausível? Cana!

Não esqueci do tema das drogas. Fui para o tema das armas para mostrar o quanto praticamente todos os argumentos falaciosos que as esquerdas usam contra a legalização do porte de armas podem ser usados contra a legalização da maconha. E veja, não estamos falando de nenhuma maluquice. A maconha já foi legalizada em vários países e naqueles que liberaram o comércio para o mercado, houve avanços significativos, como o caso do Colorado, que quebrou cartéis mexicanos.

Nosso querido professor Milton Friedman já nos alertava sobre os diversos perigos da criminalização da droga:

Primeiro, a questão óbvia: proibir não coíbe, muito menos inibe o consumo. Preciso provar? Basta ir até qualquer esquina que você encontrará maconha sendo abertamente vendida. Com um *"google"* você chega a um sujeito que faz até *delivery*.

Segundo: a proibição de drogas encarece o produto e diminui a oferta, aumentando os incentivos para que o mercado ilegal produza drogas mais poderosas, seja maconha mais forte, heroína ou cocaína, para que os consumidores consigam ficar doidões com doses menores. Aliás, o economista chicaguista vai além: afirma que a proibição da cocaína fez surgir o crack, alternativa mais barata e potente.

Terceiro: utilizando os EUA como exemplo, afirma que teríamos metade do número de prisões – o que é facilmente verificável: no Brasil, boa parte das prisões são de pequenos traficantes, os aviõezinhos; pouquíssimas, quase nenhuma, é relacionada aos verdadeiros barões do crime –, 10 mil homicídios a menos por ano – quase duas décadas depois que Friedman fez essas afirmações, eu diria que até mais, o dobro, talvez o triplo, boa parte das mortes são resultado de guerra entre facções ou de operações policiais que facções que jamais teriam relevância não fosse o tráfico – e a qualidade da droga – hoje péssima, feita para o usuário se viciar cada vez mais – seria, sem dúvidas, melhor.

Quarto: a proibição protege o oligopólio dos traficantes. Qualquer produto comum, como bife ou batata, possui milhares de importadores e exportadores. O mercado da droga é limitado porque é proibido.

A proibição protege os monopolistas da concorrência e ainda garante que o preço da droga seja alto. "O que mais os traficantes poderiam querer?", questiona o prêmio Nobel em economia.

Quinto: é imoral impor altos custos às pessoas para protegê-las de si mesmas. As pessoas devem ter liberdade para escolher e arcar com as consequências de suas decisões. Desde que não estejam causando mal a terceiros, não há razão moral – dentro da perspectiva liberal – que permita que o Estado aja contra a liberdade individual.

Sexto: a criminalização do uso é ainda mais perversa porque joga cidadãos comuns, honestos e trabalhadores na clandestinidade. O sujeito que apenas queria trabalhar e usar maconha ao final do dia para relaxar é transformado num criminoso e tem sua vida destruída pelo Estado apenas em razão do uso de uma substância que só causa mal a ele, não a terceiros.

Oitavo: também tomando os EUA como parâmetro, o professor diz que a obesidade mata muito mais do que o uso de drogas. Ora, se não aceitamos que o governo nos diga o quanto devemos comer em nome da nossa saúde, por que aceitamos que ele nos proíba de usar drogas? Se o argumento que justifica é a saúde individual, logo, seria moralmente aceitável vivermos numa distopia em que o governo nos obriga a acordar cedo, fazer exercícios e comer salada, afinal, conduta diversa nos causaria mal. Liberdade inclui, sem a menor sombra de dúvida, a liberdade de causar mal a si mesmo. Afinal de contas, diz a boa psicologia, viver é sofrer: a questão é escolher os sofrimentos que valem a pena e aqueles que apenas se retroalimentam e nos arrastam para baixo.

O exemplo do Uruguai é péssimo porque, apesar de legalizado, o comércio da maconha é extremamente restrito, o que faz com que organizações criminosas vejam uma oportunidade de vender de maneira menos burocratizada e mais barata por meio de contrabando. É a maneira estatista e intervencionista de legalizar a maconha, como se criássemos uma "maconhobras" para ter uma "indústria nacional estratégia" de maconha.

O ponto é que todas as vezes em que o Estado proíbe a comercialização de algo que o povo, ou parte dele, quer, surge o tráfico, com consequências horrendas. É fato que o Estado tem que controlar certos tipos de comércio – por exemplo, não dá para termos um mercado livre de plutônio –, mas quando proibições são feitas baseadas em pânicos moralistas, os resultados são péssimas políticas públicas e muitas vidas perdidas.

Referências

COLOMBO, Sylvia; VERPA, Danilo. "Maconha estatal no Uruguai ainda decepciona usuários". *Folha de São Paulo*. 31 ago. 2020. Disponível em: <https://arte.folha.uol.com.br/mundo/2020/estado-alterado-as-politicas-para-drogas-pelo-mundo/uruguai/desafios-da-legalizacao/>. Acesso em: 30 jul. 2021.

MILTON Friedman – Why Drugs Should Be Legalized. *Canal LibertyPen*. 6 jun. 2008. (7 min. 55 seg.) Disponível em: <https://www.youtube.com/watch?v=nLsCC0LZxkY>. Acesso em: 30 jul. 2021.

UOL. "Maconha legalizada no Colorado afeta traficantes mexicanos, aponta relatório". *Uol Notícias*. Disponível em: <https://noticias.uol.com.br/ultimas-noticias/efe/2016/02/01/maconha-legalizada-no-colorado-afeta-traficantes-mexicanos-aponta-relatorio.htm>. Acesso em: 30 jul. 2021.

5.

LIBERALISMO, CONSERVADORISMO E POLÍTICA: A CORAGEM PARA ENTENDER QUE AS COISAS NÃO SÃO SIMPLES

LUIZ FELIPE DA ROCHA AZEVEDO PANELLI

Desde as agitações de 2013, passando pelo *impeachment* da ex-presidente Dilma Rousseff, o cenário político no Brasil mudou muito. Hoje não é mais considerado uma heresia, punível com excomunhão da vida pública, dizer-se de direita. Por muito tempo, o rótulo "direita" era automaticamente vinculado à ditadura militar e às inúmeras mazelas que ela trouxe ao Brasil, inclusive a tortura e a censura (abomináveis em todos os casos), bem como a lamentáveis lideranças civis que parasitaram a ditadura, instaurando um populismo extremamente corrupto.

Tal associação era tecnicamente imprópria e servia apenas aos interesses de grupos de esquerda, mas a verdade é que a técnica adequada pouco importa quando se está discutindo poder político. À esquerda era cômodo demonizar o pensamento de direita, associando-o à ditadura militar. Isso foi feito por décadas sem maiores contestações.

O cenário mudou. Diversos atores sociais, desde políticos até formadores de opinião, editoras, escritores, intelectuais e outros, promoveram um resgate do pensamento conservador e liberal, lembrando ao público brasileiro o que ele realmente é: uma doutrina de desconfiança do poder, de prudência, de moderação, de defesa da institucionalidade e de repúdio às saídas mágicas da revolução, tão querida pela esquerda. Hoje, quem quiser demonizar o pensamento liberal e conservador como sendo apenas parte do ideário da ditadura militar, só encontrará abertura em espaços da esquerda que ainda não perceberam a mudança – e, por isso mesmo, foram vencidos.

Uma parte da esquerda, mais esclarecida, já entendeu a mudança e agora aceita discutir a questão ideológica e política de igual para igual, sem clichês, generalizações ou demonização. Ainda é uma parte minoritária, mas é um avanço, sem dúvida.

O ponto central é que a esquerda não detém mais o monopólio da narrativa. Se ela der uma versão sobre alguma coisa, grupos como o MBL darão uma resposta à altura, oferecendo outra visão à sociedade brasileira. Antes, a esquerda falava e todos consentiam com a narrativa; mesmo quem se opunha ao lulo-petismo, como o PSDB, o fazia nas bases e limites dados pela narrativa da esquerda. Não mais. O MBL e outros grupos da direita são agora parte do debate, e a narrativa será construída também pela nossa voz, quer queiram ou não.

Acho útil, no entanto, fazermos algumas reflexões. Por que nós nos dizemos parte da direita e por que refutamos a esquerda? É importante que a política não seja exercida como um campeonato de futebol, em que a escolha do time é feita com base unicamente em paixões, sem maior explicação racional. Política não deveria ser arena da paixão, mas da razão e da moderação.

Primeiramente, refutamos a esquerda porque não acreditamos nas suas premissas de que a sociedade é estruturalmente cindida entre proprietários e explorados. Essa narrativa, que remonta ao marxismo do século XIX, sofreu inúmeras modificações no século XX, em especial com o advento da teoria crítica e da escola de Frankfurt, mas, de modo geral, mantém intacta sua premissa básica, que é a da divisão entre exploradores e explorados.

Rejeitamos também, e com especial veemência, a premissa esquerdista da revolução. Sabemos, é claro, que boa parte do pensamento de esquerda hoje não vê o cenário de uma revolução como inevitável consequência do sistema capitalista, tal e qual faziam os primeiros marxistas. Parcela da esquerda (em especial as vertentes da socialdemocracia) entende que a sociedade pode evoluir institucionalmente para um esquema mais próximo do socialismo sem momentos de ruptura aguda. Todavia, o fato é que não acreditamos em rompimento. Ser um conservador significa, nos dizeres do saudoso Roger Scruton, entender que herdamos algo bom e que isso deve ser preservado.

O que seria essa boa herança? Todo o aparato cultural e institucional, desenvolvido no ocidente nos últimos milênios, que descreve o homem como um ser falho e suscetível a paixões e abusos, que delineia a necessidade de conter o poder político, que prega que todo poder só deve ser exercido de forma limitada e temporária, que propõe cautela, que se é avesso a soluções radicais, enfim, que é prudente.

É claro que nem tudo em uma sociedade deve ser preservado, ou melhor, conservado. Isso é especialmente verdade em países atrasados como o Brasil. Se os conservadores achassem que tudo deveria ser preservado, não teriam lutado pelo fim da escravidão (Joaquim Nabuco, grande liderança conservadora e fervoroso abolicionista, que o diga). Há muito a ser mudado e o que não é bom deve ser mudado.

A questão é que não vemos a sociedade como má, tampouco a natureza humana como boa. Refutamos Rousseau e o mito do bom selvagem e abraçamos a teoria de Hobbes e a desconfiança perene da natureza humana. Definitivamente refutamos a visão rósea de Marx sobre a história, que caminharia para um comunismo em que todos viveriam em permanente paz e felicidade.

É importante sempre reafirmar isso e, ao fazê-lo, reafirmar o compromisso com a institucionalidade, com o constitucionalismo e com as liberdades básicas. Isso é imprescindível para termos legitimidade e autoridade para refutarmos experiências catastróficas, como a da ditadura militar e a da terrível presidência de Jair Bolsonaro. O que queremos fazer ao promover o conservadorismo é proporcionar ao Brasil uma experiência totalmente distinta daquela feita pelos governos da esquerda e pelo autoritarismo tosco da ditadura e de Bolsonaro.

Em linhas muito gerais, nosso liberal-conservadorismo é uma doutrina política que:

1. Está umbilicalmente ligada ao constitucionalismo, à limitação do poder e ao sistema de freios e contrapesos. Isso é inegociável, porque entendemos que os homens, sendo maus, têm tendência a abusar do poder;
2. Refuta o otimismo que a esquerda tem na natureza humana (seja na versão de Marx ou Rousseau) e a saída revolucionária;
3. Tem um compromisso com a democracia. Não temos ditadores de estimação, ao contrário de grupos de esquerda que insistem em louvar ditaduras latino-americanas, como Cuba e Venezuela;
4. Entende que os direitos humanos não são negociáveis e devem ser preservados em todos os contextos, ao contrário do que faz a esquerda quando aceita graves violações de direitos humanos em regimes que promovem o seu ideário;

5. Entende que o mercado deve promover o crescimento econômico dos países e o bem-estar da sociedade, cabendo ao Estado apenas a prestação dos serviços públicos, e, mesmo assim, somente quando a iniciativa privada não consegue fazê-lo. Ademais, o Estado jamais deve atrapalhar a iniciativa privada no seu papel de criadora de riqueza.

Esses princípios são, na verdade, bastante incômodos. Seria muito mais fácil aderirmos ao esquerdismo e às suas respostas prontas sobre tudo, pautado na narrativa fácil do conflito entre "exploradores/ /explorados". Também seria fácil aderirmos à tosquice bolsonarista, com suas fórmulas prontas e autoritárias. Não faremos isso. Não estamos em busca de uma narrativa simplista, mesmo que ela possa nos propiciar fácil acesso ao poder.

Se há algo que a história ensina é que não existem soluções mágicas. Nesse sentido, ser um conservador é entender que é necessário agir de modo prudente e cauteloso. Acima de tudo, deve-se desconfiar do poder e fazer sempre as perguntas mais incômodas. Entender que as coisas não são simples requer mais coragem do que aderir às narrativas salvacionistas, da esquerda e da direita.

Agir assim irrita as pessoas e cria inimigos, afinal, o que os grupos políticos querem é a adesão ao seu projeto de poder. Ninguém gosta de ter seus planos de domínio político contestados. PT e Bolsonaro mostraram isso.

Não vamos aderir. É melhor que eles nos classifiquem como inimigos.

Não temos medo.

6.

COTAS RACIAIS FALHARAM NO MUNDO TODO. NÃO FOI DIFERENTE NO BRASIL

O sistema de cotas começou, no Brasil, nas universidades públicas e depois estendeu-se para os concursos públicos, sob a justificativa de corrigir a injustiça e reparar os negros pelas décadas de racismo que sofreram – e ainda sofrem. Ninguém, em sã consciência, nega que houve, e infelizmente ainda há, racismo no Brasil. A pergunta é: será que a solução realmente são as cotas?

Antes de mais nada, não acredite no que te diz a esquerda identitária. Você pode e deve discutir as cotas, seja você branco, negro, pardo, amarelo, azul, vermelho, listrado ou verde com bolinhas. Você é um cidadão e tem todo o direito de participar ativamente da vida política. Discutir as cotas, questioná-las e mesmo opor-se a elas não te faz racista. Você será racista se tratar as pessoas de modo diferente por causa da cor da pele delas – exatamente o que as cotas fazem, aliás. Se você não diferencia as pessoas pela cor da pele, você não é racista. E ponto. Pouco importa se o seu tataravô foi um fazendeiro que tinha escravos – provavelmente não foi. Não deixe a esquerda te constranger.

O sistema de cotas tem uma série de graves problemas e gera uma injustiça tremenda. O primeiro é que o critério para decidir quem é negro é absolutamente subjetivo: é possível que um mesmo sujeito que possa ser considerado negro em Porto Alegre, cidade com maior ascendência europeia, seja considerado branco em Salvador. Pior: os órgãos que julgam quem é negro ou não lembram – e muito – os tribunais nazistas. São verdadeiros tribunais raciais. Já aconteceu de dois irmãos gêmeos idênticos serem julgados de maneira diferente: um conseguiu cota e o outro não. Há casos em que o que vale é a declaração do próprio candidato, o que, é óbvio, abre espaços para fraudes de todos os tipos.

Imagine a humilhação de ser julgado por um tribunal que analisa sua "raça" com base no formato e tamanho dos seus lábios, seus cabelos, seu nariz e seus olhos. Imagine que, mesmo depois de ter sua "negritude biológica" atestada, lhe questionassem se você participa de algum movimento negro ou se sabe o nome de cinco artistas negros. Pois é, infelizmente, esse tipo de coisa acontece em pleno século XXI, aqui, no nosso Brasil. Tudo com a chancela do Ministério Público Federal.

Para piorar, as cotas tendem a reafirmar o racismo. Como bem constatou o economista Thomas Sowell em sua obra chamada "Ação afirmativa ao redor do mundo: Um estudo empírico sobre cotas e grupos preferenciais", no longo prazo, as pessoas tendem a desconfiar de negros em suas mais diversas profissões por acreditarem que eles possam estar ali apenas porque entraram na faculdade pelo sistema de cotas. Um preconceito inconcebível, mas que surge como resultante dessa política preconceituosa. Num extremo, pessoas acabariam por não procurar ou aceitar o trabalho de médicos, engenheiros ou pilotos de aeronave que sejam negros por conta deste receio, por exemplo.

Bom, então as cotas aumentam o preconceito, mas também devem ter um lado bom, devem ajudar a integrar negros e pobres na universidade, certo? Errado, meu caro. A chance de uma família composta por quatro pessoas com renda mensal de um salário mínimo ter um filho numa universidade pública é de menos de 2%. Pois é, depois de anos e anos de cotas, a chance de um aluno da camada mais pobre da população entrar na faculdade é de menos de 2%, praticamente zero.

Enquanto isso, filhos de famílias com renda mensal de R$ 20 mil ou mais têm 40% de chance de ingressar em universidades públicas, muito mais do que os 2% dos mais pobres. Ou seja, o nosso sistema de educação tira dos mais pobres e dá para os mais ricos, afinal, quem mais proporcionalmente paga impostos são os mais pobres, porque os impostos são principalmente sobre o consumo, mas quem usufrui desses impostos é a elite.

Para você ter uma ideia, o governo brasileiro investe quatro vezes mais no ensino superior do que no ensino básico. Em regra, quem usa o ensino básico público é quem não pode pagar escola particular, e quem usa o ensino superior público é quem pôde pagar escola particular. É óbvio que, num cenário desses, os mais pobres nunca vão entrar na universidade. De que adianta ter cota se metade da população não termina o ensino médio? Sem ensino médio, não dá para entrar na faculdade, não importa qual seja a proporção de cotas.

Calma que vai piorar: metade das crianças de até oito anos não sabem nem ler nem fazer operações básicas de matemática. Cotas não ensinam a ler, não ensinam a escrever, não ensinam operações de matemática. São uma solução imediatista, um "jeitinho", uma malandragem que políticos criaram para dizer que defendem a educação – e, claro, te acusarem de ser racista para que você se sinta constrangido a apoiá-los, a despeito de você nunca ter discriminado ninguém pela cor da pele.

Mais falho ainda é o argumento da tal dívida histórica. Segundo ele, os brancos devem aos negros porque os negros foram escravizados, como se todo branco tivesse sido senhor de escravos e o Brasil não tivesse recebido inúmeros imigrantes, como meus avós, que vieram para cá sem nem ter o que comer. Nos centros urbanos como São Paulo, a maior parte dos brancos é descendente de imigrantes que chegaram ao Brasil depois do fim da escravidão, justamente para substituir a mão de obra escravizada. E, claro, mesmo que seu tataravô tenha sido um fazendeiro que usava escravos, isso não te faz racista, da mesma forma que um neto de um alemão nazista não é nazista por descendência. Há um bom motivo pelo qual a Constituição Federal – e todos os documentos constitucionais avançados do mundo – limitam a pena à pessoa condenada, chama-se direitos humanos.

Não foram os europeus que introduziram a escravidão ao continente africano. Até hoje existem ruínas de locais onde escravos eram presos no Reino do Zimbábue dos séculos XIII e XV. A escravidão também já existia na Etiópia, que era um império, e durou oitocentos anos; e em várias partes do continente americano, antes da chegada dos europeus.

Entre os europeus, por milênios pessoas eram feitas escravas por dívidas ou guerra. Uma proporção significativa da população urbana da Grécia antiga era formada por escravos, quase todos brancos. Roma também incorporava novos escravos a seu império por onde avançava, brancos ou negros do norte da África. Romanos brancos que caíssem reféns em guerras com povos africanos também eram escravizados.

Os próprios negros, no Brasil, quando conseguiam sua libertação, tentavam comprar ou capturar outros negros como escravos. Zumbi, herói do movimento negro, possivelmente foi senhor de dezenas de escravos. Como saber se você é descendente de negros escravos ou de negros senhores de escravos?

Está na hora de repensarmos todo o sistema público brasileiro de educação. Investir mais na educação básica e menos na educação superior. Parar de tirar dos pobres e dar para os ricos, fazer uma reforma estruturante na educação básica e acabar com a demagogia das cotas, que só servem para político populista ganhar voto.

Tenho, aliás, uma ideia revolucionária: e se tratarmos todas as pessoas como iguais, independentemente da cor da pele? Acho inclusive que a Constituição Federal e as declarações de direitos humanos falam algo nesse sentido...

Referências

GÓES, Carlos; DUQUE, Daniel. "Como as universidades públicas no Brasil perpetuam a desigualdade de renda: dados, fatos e soluções". *Instituto Mercado Popular.* Disponível em: <https://mercadopopular.org/nota-de-politicas-publicas/como-as-universidades-publicas-no-brasil-perpetuam-a-desigualdade-de-renda-fatos-dados-e-solucoes/>. Acesso em: 30 jul. 2021.

GOIS, Antônio. "Chance de um aluno mais pobre entrar numa universidade pública é de apenas 2%. Quadro não é muito diferente nas particulares". *O Globo.* 14 nov. 2016. Disponível em: <https://blogs.oglobo.globo.com/antonio-gois/post/chance-de-um-aluno-mais-pobre-entrar-numa-universidade-publica-e-de-apenas-2-quadro-nao-e-muito-diferente-nas-particulares.html>. Acesso em: 30 jul. 2021.

LUNGOV, Felipe. "O mito da dívida histórica entre brancos e negros". *Instituto Liberal.* 23 out. 2015. Disponível em: <https://www.institutoliberal.org.br/

blog/o-mito-da-divida-historica-entre-brancos-e-negros/>. Acesso em: 30 jul. 2021.

MELO, Itamar. "'Odiosa discriminação': advogada contesta tribunais montados pelas universidades para avaliar cotistas". *Gaúcha ZH*. 03 nov. 2017. Disponível em: <https://gauchazh.clicrbs.com.br/comportamento/noticia/2017/11/odiosa-discriminacao-advogada-contesta-tribunais-montados-pelas-universidades-para-avaliar-cotistas-cj9juuv5i05bq01ogh2c8n10u.html>. Acesso em: 30 jul. 2021.

VIEIRA, Isabela. "MPF recomenda maior controle de autodeclaração racial em vestibular". *Agência Brasil EBC*. Rio de Janeiro, 14 mar. 2018. Disponível em: <https://agenciabrasil.ebc.com.br/educacao/noticia/2018-03/mpf-recomenda-que-autodeclaracoes-raciais-em-vestibular-sejam-conferidas>. Acesso em: 30 jul. 2021.

SALDAÑA, Paulo. "Maioria dos estudantes de 8 anos tem nível insuficiente de leitura e matemática". *Folha de São Paulo*. Disponível em: <https://www1.folha.uol.com.br/educacao/2017/10/1930040-metade-dos-alunos-de-8-anos-tem-nivel-insuficiente-de-leitura-e-matematica.shtml>. Acesso em: 30 jul. 2021.

7.

COMO O ESTADO BRASILEIRO PERPETUA A POBREZA A AUMENTA A DESIGUALDADE SOCIAL

Sempre ouço falar, da tribuna da Câmara dos Deputados, que precisamos de mais Estado porque o Estado é o enfermeiro que cuida dos doentes, o professor que cuida dos nossos filhos, o policial que nos protege. Nada mal esse Estado, não? Parece uma entidade bastante altruísta.

Seja sincero: você quer que todos tenham acesso à educação, certo? E quer também que todos tenham um bom tratamento de saúde, mesmo se forem pobres, certo? E você vê o policial subindo o morro para proteger a população de um traficante muito mais armado e elogia a sua coragem, não é mesmo? Bem, então está resolvido: vamos aumentar o tamanho do Estado. Se o Estado é bom, se ele combate a pobreza, se a pobreza é um problema, basta aumentarmos continuamente o seu tamanho. Teremos mais professores, mais enfermeiros, mais médicos, mais policiais... e nossos problemas estarão resolvidos.

Hora de sair da Matrix, leitor. Vamos ver as coisas como elas realmente são.

O Estado é uma máquina burocrática gigante, comandada por pessoas cujo maior propósito, em regra, é se perpetuar na própria máquina e ter cada vez mais poder. Para isso, essa máquina precisa aumentar. Ela precisa contratar mais funcionários, aumentar seus salários, seus benefícios, fazer mais obras, construir mais prédios para sua própria burocracia etc.

O modo encontrado pela burocracia estatal para aumentar é através da retórica da prestação de serviço. O Estado coloca parte (pequena) da burocracia para atender às pessoas e as convence que sem esse atendimento elas estariam lascadas. Por exemplo, a maior parte do contingente das secretarias de educação, saúde e segurança ficam afastados do público, em tarefas meramente burocráticas, mas o Estado afirma que, se ele não prestasse tais serviços, não haveria quem o fizesse.

Há mais: como o Brasil é um país muito desigual, usa-se a retórica do combate à desigualdade. Se o Estado não dá educação, ela será dada apenas aos que podem pagar, os filhos dos ricos; os que não podem, os filhos dos pobres, ficarão sem educação.

Balela. Como dissemos, o Estado tem uma enorme burocracia, cuja finalidade é se perpetuar no poder. Apenas uma pequena parte dessa burocracia realmente presta o serviço público – que, na maior parte das vezes, tem má qualidade. Mas há algo mais perverso: essa imensa burocracia é caríssima e quem a paga são as pessoas que produzem riqueza com seu trabalho. O resultado é que o país não cresce, não se desenvolve. E mais pessoas ficam na pobreza, dependentes desse grande sequestrador de vidas chamado Estado.

Vamos começar nossa análise pelo sistema tributário. Não é discurso de esquerda dizer que o mais pobre paga mais imposto no Brasil do que o mais rico, é a realidade. Isso se dá em razão da ausência de, por exemplo, um imposto sobre grandes fortunas? Não.

O grande vilão do sistema tributário brasileiro são as pesadas alíquotas do consumo. O Estado tributa o consumo, a renda e o patrimônio. Proporcionalmente, quem mais gasta seu salário consumindo é o mais pobre, porque a maior parte do seu salário vai para o supermercado, a farmácia etc. O mais rico consegue poupar, investir, enviar seu dinheiro para "lugares" menos tributados que o consumo. Isso faz com que o Estado brasileiro seja uma máquina de transferir renda do mais pobre para o mais rico. Mas peraí, Kim, eu entendi como o mais pobre paga mais, mas como o rico recebe? Explico.

Vivemos num país extremamente pobre e desigual. Você, caro leitor, muito provavelmente faz parte dos 10% mais rico da população. "Nossa, mas eu não sou rico, muito menos rico entre os ricos", você pode estar pensando. É, sim. Caso sua renda mensal seja cerca de R$ 5.429 você faz parte da elite brasileira, os 10%. Se a renda for superior a R$ 28.659 aí, meu amigo, você faz parte da nata da nata, o 1% mais rico.

Muito bem, isso prova que nosso país é desigual, mas não prova que os mais ricos recebem dinheiro dos mais pobres. Vamos analisar, então, quais são as profissões mais bem pagas do país:

Profissões com o maior rendimento médio

Por ocupação principal, com base nos declarantes do IR2019

Categoria	Quantidade	Renda média mensal, em R$
Titular de Cartório	10.511	103.141,14
Membro do Ministério Público	14.365	53.493,48
Membro do Poder Judiciário e de Tribunal de Contas	21.185	51.773,10
Diplomata e afins	2.723	39.571,66
Advogado do setor público e consultor jurídico	29.115	30.884,91
Médico	378.292	30.525,78
Servidor das carreiras do Banco Central, CVM e Susep	5.074	28.936,15
Servidor das carreiras de auditoria fiscal e fiscalização	64.665	27.845,86
Atleta, desportista e afins	6.204	25.979,99
Piloto de aeronaves e comandante de embarcações	12.386	25.100,13
Dirigente ou administrador de partido político ou organização	5.718	21.437,94
Ator, diretor de espetáculos	4.644	21.094,33
Agente de bolsa de valores, câmbio e serviços financeiros	5.532	17.725,62
Decorador e vitrinista	1.591	17.312,74
Engenheiro, arquiteto e afins	507.477	16.580,45
Servidor das carreiras do Poder Judiciário	215.831	16.487,67
Servidor das carreiras do Poder Legislativo	45.051	16.282,46
Servidor das carreiras de gestão governamental	20.567	16.204,95
Agrônomo e afins	38.296	15.912,73
Professor do ensino superior	240.064	15.643,71
Total declarantes no país	30.269.014	8.528,82

Fonte: G1, a partir de dados da Receita Federal
Infográfico elaborado em: 02/07/2020

Reprodução. Profissões com o maior rendimento médio — Foto: Arte G1

Fonte: https://g1.globo.com/economia/noticia/2020/07/15/dados-do-ir-mostram-profissoes-com-maior-renda-media-e-mais-isencoes.ghtml. Acesso em: 30 jul 2021.

Veja só que coincidência, as profissões mais bem pagas do país estão no setor público. Isso não significa que todo funcionário público ganha bem, pelo contrário, boa parte deles recebe algo similar ao que se receberia na iniciativa privada, mas há uma elite, principalmente no funcionalismo público federal, que é extremamente concentradora de renda. A renda de funcionários públicos, como o leitor bem sabe, vem do dinheiro de impostos. E o dinheiro dos impostos, em sua maioria, vem dos mais pobres, que consomem. Essa é a primeira maneira pela qual o Estado brasileiro perpetua a pobreza e aumenta a desigualdade social: tirando dinheiro do pobre, que ganha menos de um salário mínimo por mês por viver de trabalho informal e programa social, e dando à elite do funcionalismo público. Engraçado que sempre que se fala em congelar salários ou reduzir privilégios do funcionalismo público, as esquerdas se levantam, uníssonas, em sua defesa, supostamente defendendo os mais pobres. O resultado é o contrário: o mais pobre é saqueado para sustentar uma corte de pessoas que recebem salários gigantescos às custas do trabalho dos mais pobres. Ressalto: a culpa não é de quem recebe esses salários, mas do sistema que permite que isso aconteça. Quem recebe prestou concurso e apenas jogou dentro das regras do jogo. Culpa têm os sindicatos que representam essas corporações em busca de mais privilégios ou aumento salarial.

Mais uma prova de que o dinheiro sai do mais pobre da iniciativa privada para ir para o setor público são os gráficos que comparam a evolução salarial de ambos os setores. Vejamos.

FIGURA 1 – **Salário-horário médio por esfera**

(Em R$ nominais)

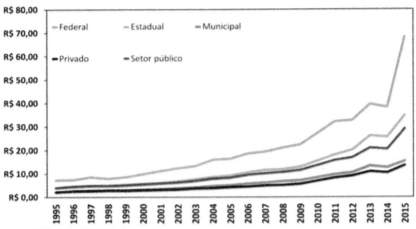

Fonte: PNADs 1995 a 2015. Cálculos do autor

FIGURA 2 – **Trabalhadores divididos por setor e esfera**

(Como % do total de trabalhadores)

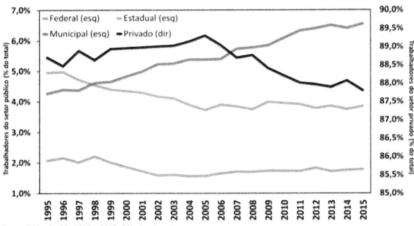

Fonte: BCB e PNADs 1995 a 2015. Cálculos do autor

Fonte: https://www.insper.edu.br/wp-content/uploads/2018/09/Evoluc%CC%A7a%CC%830-da-diferenc%CC%A7a-salarial-pu%CC%81blico-privada.pdf. Acesso em: 20 jul de 2021.

O que os números mostram é que um número reduzido de funcionários públicos federais concentra em seus salários uma montanha de dinheiro. Enquanto o trabalhador da iniciativa privada precisa batalhar durante décadas para aumentar seu salário, o funcionalismo público, principalmente o federal, possui aumentos todos os anos. Pode-se argumentar que boa parte desses aumentos são correção inflacionária, mas aí eu pergunto: se os mais pobres não têm seu salário corrigido pela inflação, isso significa que os mais ricos estão aumentando seu poder de compra com aumento de salário, ao passo que o mais pobre vê seu salário derreter por perda de poder de compra. Mais um argumento fático poderoso que demonstra que o setor público, no Brasil, aumenta a desigualdade social.

Bom, então os grandes vilões são a elite do funcionalismo público? Não somente eles. Até aqui demonstrei como o dinheiro do pagador de impostos vai para corporações públicas, mas é igualmente importante demonstrar como boa parte dessa dinheirama vai parar nas mãos de corporações privadas.

O gráfico a seguir mostra o quanto do nosso dinheiro vai parar nas mãos de grandes corporações privadas por meio de renúncias fiscais, que nada mais são do que privilégios tributários, gente que deixa de pagar imposto passando a conta para todo o resto da sociedade, que paga alíquotas mais pesadas para bancar a farra.

Figura 3

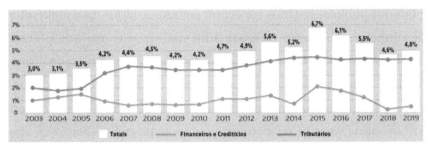

Fonte: https://sites.tcu.gov.br/fatos-fiscais/renuncia_fiscal.htm
Acesso em: 31 jul. de 2021.

Meus amigos, 4,8% do PIB, o equivalente a R$ 348,4 bilhões. É mais do que o orçamento dos ministérios da Saúde, Educação, Infraestrutura e Defesa somados. Parte das renúncias é até justificável – principalmente aquelas relativas ao SIMPLES e a entidades filantrópicas, que prestam assistência em lugares que o Estado falhou em chegar. Outra parte, a maioria esmagadora, só se justifica no poder econômico e na influência política de lobistas que, com enorme poder de persuasão no Congresso Nacional e no Palácio do Planalto, mantém esses benefícios às custas do resto da população.

Engraçado notar que a maioria desses benefícios são teoricamente temporários. Minha experiência no parlamento me fez atestar a fatal veracidade da máxima de Milton Friedman: "Nada é tão permanente quanto um programa temporário do governo" (FRIEDMAN, 2015). Os privilégios tributários são renovados quase que anualmente pelo parlamento. As corporações chegam cheias de números e tabelas, mostrando o quanto aquele subsídio garante emprego e renda para centenas de milhares de famílias. O que elas não mostram é a destruição causada em todos os setores que pagam a conta desse privilégio.

Uma analogia de um amigo meu demonstra muito bem como funciona essa política de renúncias e subsídios públicos. Imagine que, do dia para a noite, o governo decida que você precisa levar um caranguejo numa gaiola toda vez que for pegar um voo. Absolutamente inútil, certo? Bom, mas o governo determinou – muito provavelmente com alguma argumentação envolvendo segurança ou desenvolvimento regional –, então vamos cumprir. Já estamos há cinco anos pegando aviões com gaiolas de caranguejo em nossos colos. Já lançaram gaiola personalizada, caranguejo estilizado, aluguel de gaiolas e até caranguejos oferecidos pelas próprias companhias aéreas para facilitar a vida de seus clientes. Muito bem, o governo anuncia, então, que vai acabar com essa política porque percebeu que ela é inútil. Ótimo! Todos serão a favor, afinal, não há uma alma viva sequer que não tenha percebido que essa política é inútil e que é um saco ficar carregando gaiola de caranguejo para lá e para cá, certo? Errado. A indústria de gaiolas e a indústria de caranguejos somarão esforços em campanhas publicitárias monumentais e baterias de conversas com parlamentares e ministros. Especialistas estimarão o impacto negativo que a desobrigação das gaiolas com caranguejos causará na economia. Toda uma cadeia de produtores de caranguejo e de gaiolas será prejudicada. A gaiola é feita de ferro, o que afeta diretamente o preço do minério. Associações de produtores mostrarão que as pessoas que criam caranguejo são extremamente humildes e não terão outra fonte de renda. Associações de proteção ao direito dos animais questionam: o que faremos com todos os caranguejos que já existem? Promoveremos um genocídio? Pois bem, feito todo esse carnaval, o Congresso decide manter a obrigação durante mais cinco anos. Cinco anos depois, o apocalipse retorna.

Entenderam por que é tão difícil acabar com privilégios tributários e burocracia inútil? Mesmo na iniciativa privada, há milhões de pessoas que se beneficiam direta e indiretamente de imposições inúteis criadas pelo poder público ou privilégios tributários bilionários cuja conta é passada para toda a população. Muitas vezes a estratégia de comunicação é tão eficaz que os próprios pagadores da conta ficam com pena da indústria de gaiolas de caranguejo e decidem tomar o lado dos privilegiados, sem perceber o que estão fazendo. Muitas vezes a solução vendida é a de que não temos que acabar com privilégios setoriais, mas conceder esses privilégios para todos os outros setores. Bom, aí não seria mais uma política setorial, mas um corte isonômico na alíquota de tributos, sem que ninguém saísse prejudicado. O problema é que para fazer isso seria necessário cortar gastos, e cortar gastos envolve mexer com interesses de corporações públicas que preferem manter os privilégios das corporações privadas a arriscar perder seus próprios.

Apenas para esgotar o assunto – sei que este capítulo está ficando muito maior do que os outros, mas o tema me empolga – a desigualdade não é promovida apenas em altos salários do funcionalismo ou privilégios tributários. Nos próprios serviços públicos há dinheiro que sai direto do bolso do miserável para o benefício do mais rico – lembrando que, como estamos num país pobre, basta receber mais de R$ 5 mil por mês para ser "mais rico".

É o caso das universidades públicas. Como assim, Kim? Universidades públicas não existem para que o filho do mais pobre tenha oportunidade de estudar em uma instituição de qualidade? Bom, teoricamente, sim. Teoricamente. Na prática, o filho do mais pobre nunca chega à universidade pública. Sim, estou dizendo que, em regra, apenas os mais ricos conseguem vagas em universidades financiadas com dinheiro de impostos. Aqui não falo sobre pessoas endinheiradas, mas de gente de classe média que, sem saber, acaba aproveitando-se de um sistema que tira do mais pobre para beneficiar um grupo que teve o privilégio de garantir uma educação decente o suficiente para que seus filhos passassem no vestibular.

Vou demonstrar minhas afirmações com números obtidos pelo Instituto Mercado Popular, que, aliás, promoveu um excelente estudo sobre o assunto. A probabilidade de um sujeito de uma família de renda familiar *per capita* inferior a R$ 250 ingressar numa universidade pública é de apenas 2%, ou seja, praticamente nula. O mais pobre não entra na universidade, essa é a realidade, é o que os números dizem. Por outro lado, a probabilidade de um filho de uma família com renda média de R$ 40 mil por mês entrar numa universidade pública é de 40%. Pois é, uma política que deveria atender aos mais pobres transformou-se em artifício de distribuição de renda daqueles que não têm acesso à educação para aqueles que têm.

O estudo também demonstrou que, quanto mais concorrido o curso, maiores as chances de a turma ser mais elitista e bloquear a entrada de pessoas mais pobres. Importante ressaltar que cota nenhuma resolve esse problema, nem social, muito menos racial. Isso porque o filho de uma família com renda *per capita* de R$ 250 não consegue nem terminar o ensino médio porque precisa trabalhar. Sem o ensino médio, não há cota que garanta sua participação no ensino superior público. Mais: ainda que conclua, o ensino básico público é tão precário que o sujeito jamais teria condição de disputar com aqueles que estudaram em boas escolas públicas, estudaram em escolas privadas ou, ainda, aqueles que fizeram cursinho.

O fato é que o sistema educacional brasileiro prioriza o ensino superior em detrimento do ensino básico, e isso elitiza os investimentos públicos em educação, marginalizando os mais pobres e condenando-os não só à pobreza, mas a pagar pelo ensino dos outros pelo resto de suas vidas. A solução sem dúvida nenhuma passa por aumentar os investimentos em educação básica, invertendo a pirâmide de investimentos que temos hoje, focada no ensino superior. Para se ter uma ideia, o ensino superior público tem orçamento de cerca de quatro vezes o orçamento do ensino básico público. É como se estivéssemos começando a construir uma casa pelo telhado. E as telhas só caem na cabeça dos miseráveis.

Voltando à questão da prestação de serviço público e seu respectivo custo: afinal, quem daria educação e saúde aos pobres se não fosse o Estado? Quem eles quisessem. As pessoas têm o direito de escolher a sua própria escola, o seu plano de saúde etc. O país que possui a melhor educação da América Latina, e adota o sistema de *vouchers* em seu ensino básico, é o Chile. É verdade que, em um país pobre, muitas pessoas não teriam como pagar, mas o próprio Estado poderia fazer o pagamento dos serviços privados escolhidos por elas, por meio de *vouchers* (cupons, bolsas) ou por meio de transferência direta de renda.

Isso seria caro? Garanto que seria bem mais barato do que manter uma enorme burocracia com salários altos, férias, auxílios, licenças etc., e seria bem mais eficiente. O Estado tem dois males crônicos: corrupção e desperdício. O administrador público administra mal, é cronicamente ineficiente. E isso não vai mudar porque a lógica do Estado é essa.

O Estado não vai acabar com a pobreza por dois motivos: não pode e não quer. Não pode porque é tão ineficiente que mal consegue gerir seu próprio pessoal e estrutura, quanto mais fazer um país crescer. Não quer porque precisa de um exército de pobres que não tem outra opção salvo consumir seus serviços, gerando a justificativa para a sua contínua expansão. À medida que se expande, cresce também a tributação. E mais tributação é menos crescimento econômico.

Se você é um velho político, que quer acomodar muitas pessoas na imensa máquina estatal, prefere um Estado grande ou pequeno? Por que você acha que políticos de esquerda têm uma velha aliança com os sindicatos de servidores públicos? Será que é mesmo para defender os interesses do povo? Será que o chefe do sindicato, que também é filiado a um partido de esquerda, tem em mente os melhores interesses do povo quando faz uma greve de professores? Se ele realmente tem em mente o interesse do povo, por que não discute a ideia dos *vouchers* a sério?

Mais Estado não é sinônimo mais serviços, mas de mais burocracia. Burocracia só interessa aos burocratas. Nós, os liberais, queremos um Estado bem menor, para pagarmos muito menos impostos. E queremos usar o dinheiro que nos sobra para escolher nossos serviços. Quanto aos mais pobres, queremos pagar os serviços de saúde e educação deles por meio de cupons, possibilitando que eles escolham onde estudar e se tratar – de preferência, nas mesmas escolas dos nossos filhos e nos mesmos hospitais que frequentamos, o que hoje não acontece.

Lembre-se desses números e argumentos sempre que escutar um esquerdista dizendo que é preciso aumentar o tamanho do Estado para reduzir a desigualdade social e a pobreza. O Estado brasileiro é um Robin Hood às avessas, rouba dos pobres para dar aos ricos e suas corporações públicas e privadas.

Referências

ALVARENGA, Darlan. "Dados do IR mostram profissões com maior renda média e mais isenções". G1. 15 jul. 2020. Disponível em: <https://g1.globo.com/economia/noticia/2020/07/15/dados-do-ir-mostram-profissoes-com-maior-renda-media-e-mais-isencoes.ghtml>. Acesso em: 30 jul. 2021.

BARROS, Gabriel Leal de. "Atualização tributária: a influência e impacto das renúncias fiscais". Instituição Fiscal Independente. Nota técnica nº 7, 14 set. 2017. Disponível em: <https://www12.senado.leg.br/ifi/pdf/nota-tecnica-no-07-atualizacao-tributaria-a-influencia-e-impacto-das-renuncias-fiscais-set-2017>. Acesso em: 30 jul. 2021.

CARNEIRO, Lucianne. "Renda do servidor cresce o dobro que a de trabalhador privado". Valor Econômico. 06 abr. 202ª. Disponível em: <https://valor.globo.com/brasil/noticia/2021/04/06/renda-de-servidor-cresce-o-dobro-que-a-de-trabalhador-privado.ghtml>. Acesso em: 30 jul. 2021.

CUCOLO, Eduardo. "Setor público abriu vagas e aumentou salário durante a pandemia". Folha de São Paulo. 20 ago. 2020. Disponível em: <https://www1.folha.uol.com.br/mercado/2020/08/setor-publico-abriu-vagas-e-aumentou-salario-durante-pandemia.shtml>. Acesso em: 30 jul. 2021.

FRIEDMAN, Milton. Livre para escolher: um depoimento pessoal, Editora Record, Rio de Janeiro, 2015.

GÓES, Carlos; DUQUE, Daniel. "Como as universidades públicas no Brasil perpetuam a desigualdade de renda: dados, fatos e soluções". Instituto Mercado Popular. Disponível em: <https://mercadopopular.org/nota-de-politicas-publicas/como-as-universidades-publicas-no-brasil-perpetuam-a-desigualdade-de-renda-fatos-dados-e-solucoes/>. Acesso em: 30 jul. 2021.

PAMPLONA, Nicola. "10% mais ricos ficam com 43% da renda nacional, diz IBGE". Folha de São Paulo. 6 mai. 2020. Disponível em: <https://www1.folha.uol.com.br/mercado/2020/05/10-mais-ricos-ficam-com-43-da-renda-nacional-diz-ibge.shtml>. Acesso em: 30 jul. 2021.

RECEITA FEDERAL. Evolução dos gastos tributários – Bases efetivas e projeções. Disponível em: <https://receita.economia.gov.br/dados/receitadata/renuncia-fiscal/demonstrativos-dos-gastos-tributarios/dgt-bases-efetivas-e-projecoes>. Acesso em: 30 jul. 2021.

RIBAS. Raphaela. "Renda média de servidor público aumenta 20% em oito anos e a do funcionário privado sobe 7%". O Globo. 06 abr. 2021. Disponível em: <https://oglobo.globo.com/economia/renda-media-de-servidor-publico--aumenta-20-em-oito-anos-a-do-funcionario-privado-sobe-7-24958258>. Acesso em: 30 jul. 2021.

TENOURY, Gabriel; MENEZES-FILHO, Naercio. "A evolução do diferencial salarial público-privado no Brasil". Policy Paper, nº 29 (nov. 2017). Disponível em: <https://www.insper.edu.br/wp-content/uploads/2018/09/Evoluc%CC%A7a%CC%83o-da-diferenc%CC%A7a-salarial-pu%CC%81blico-privada.pdf>. Acesso em: 30 jul. 2021.

TRIBUNAL DE CONTAS DA UNIÃO. Qual o valor da renúncia fiscal da União? Disponível em: <https://sites.tcu.gov.br/fatos-fiscais/renuncia_fiscal.htm>. Acesso em: 30 jul. 2021.

8.

AS TRAIÇÕES DE JAIR BOLSONARO

Ocasionalmente me interpelam questionando o porquê da minha oposição ao governo Bolsonaro. Entendo a dúvida. Eu, que sou de direita, deveria apoiar o Bolsonaro, que também é um presidente de direita, certo?

Entendo o questionamento e entendo quem o faz. No entanto, lembro aos leitores de que ser "de direita" não significa ser membro de uma seita, em que se deva lealdade a um líder. Lealdade cega, apoio incondicional e postura acrítica são mais atinentes ao campo da esquerda do que ao da direita. Quem está no campo liberal, como eu, deve ter uma identificação com os valores liberais e pautar a sua atuação por eles. Adiro aos valores liberais, não à figura de um líder messiânico. Aliás, ser liberal ou conservador significa justamente ser cético em relação ao poder e àqueles que o detêm.

Nunca fui fã de Bolsonaro. Um ponto que sempre foi crucial para separar aquilo que eu acredito daquilo que Bolsonaro defende e representa é a nossa diferença de opinião em relação à ditadura militar. Ele defende o regime com unhas e dentes; eu considero toda ditadura ruim – ao contrário da esquerda, que costuma ter ditadores de estimação – e ainda crítico a ditadura militar por ter aumentado a ingerência do Estado na economia. Bolsonaro sempre foi um político estatista, nacionalista e corporativista. Apesar de ter construído uma imagem de forte oposição ao PT, a verdade é que votou com a base dos governos petistas, chegando a bater continência ao comunista Aldo Rebelo e a chamar José Dirceu de "companheiro".

É verdade que Bolsonaro fez várias concessões à direita liberal para se eleger. A maior dessas concessões foi a adoção da pauta econômica de Paulo Guedes. Entretanto, uma vez no governo, Bolsonaro bloqueou as privatizações e reformas verdadeiramente liberais. Demonstrarei.

Na tramitação da reforma da previdência, Bolsonaro não moveu um dedo para que sua base se empenhasse no plano de substituir o atual esquema de pirâmide intergeracional por um esquema de capitalização. Atrapalhava a tramitação dizendo que "se pudesse, não faria" e, além de não pedir voto para os parlamentares da sua base aliada, fazia o oposto: eu mesmo recebi um pedido pessoal do presidente para desidratar a reforma retirando os policiais federais do texto.

A agenda de privatizações veio com tudo, avançando de maneira acelerada... em marcha ré. Bolsonaro estatizou mais do que Dilma em seu segundo mandato. Além de não privatizar absolutamente nenhuma empresa estatal, criou uma nova, a NAV Brasil, com a justificativa de que ela não geraria novos gastos e logo substituiria a Infraero após a privatização desta. Pois bem, a Infraero não foi privatizada e a NAV Brasil já dá milhões de reais de prejuízo aos cofres públicos todos os anos.

A estabilização do dólar, que Bolsonaro recebeu a cerca de R$3,70 após as reformas promovidas pelo governo Temer, foi para o espaço. Aliás, o ministro Paulo Guedes dizia que se o dólar batesse R$ 4 era porque o governo teria feito muita besteira. Bolsonaro decidiu dobrar a meta: o dólar bateu recorde histórico desde o Plano Real, atingindo a marca de R$ 5,70. Isso em razão do abandono do tripé macroeconômico, que tem como um de seus alicerces o câmbio flutuante. Bolsonaro adotou a estratégia de desvalorizar o real para facilitar as exportações. Deu certo para os exportadores, mas destruiu a já cambaleante indústria brasileira e fez a inflação disparar. Só para se ter uma ideia, o preço da garrafa de óleo de soja subiu 80% em menos de um ano. Nem Dilma, presidente que até então mais havia atacado o Plano Real e destruído as contas públicas, conseguiu realizar tal façanha. Por falar nela, aliás, a dupla Bolsonaro/Guedes promove até hoje política idêntica à da petista: manter os juros artificialmente baixos, ou "baixar os juros na marretada", para estimular o crescimento econômico. Todo economista liberal sabe que interferência estatal nos juros, que nada mais são do que o preço do dinheiro, gera distorções de mercado e em longo prazo podem ocasionar graves recessões. Paulo Guedes deve ter faltado a essa aula.

Não bastasse toda essa agenda econômica estatizante e retrógrada, Bolsonaro também traiu todas as suas promessas de campanha, passando a se comportar de maneira muito semelhante ao PT. Os avanços na direção de um projeto criminoso de poder ironicamente levaram Bolsonaro a deixar o nosso país um pouco mais parecido com a Venezuela.

Bolsonaro indicou Augusto Aras, amigo íntimo de José Dirceu, para a Procuradoria-Geral da República. Sabotou os esforços de Sérgio Moro, seu então Ministro da Justiça, para reforçar a fiscalização feita pelo COAF – tentou até extinguir o órgão em Medida Provisória só para blindar o próprio filho. Mudou o comando da Polícia Federal, de suas superintendências estaduais, da ABIN e até do Ministério da Justiça para agradar amigos e aliados. Fez um pacto com o lamentável Dias Toffoli em prol da impossibilidade da prisão em segunda instância. Por falar em Toffoli, Bolsonaro também fez o que nem o PT teve a audácia de fazer: aliar-se ao STF de tal maneira que ministros da corte chegaram a nomear figuras: José Levi e André Mendonça. De maneira muito parecida com Lula, contratou blogueiros com verba pública para falarem bem do governo e fazerem uma contraposição à imprensa e seu trabalho investigativo, criando uma máquina suja de destruição de reputação e perseguição de desafetos. Também de forma muito parecida com Lula, abusou do patrimônio público ao levar familiares para passeios em helicópteros que deveriam ser usados para funções institucionais.

Isso sem falar no incentivo para que a militância ataque, inclusive fisicamente, os veículos de comunicação, coisa que o PT sempre fez, colocando toda e qualquer imprensa minimamente crítica ao governo como inimiga, parcial e ideológica para blindar o governo de toda e qualquer crítica, como se os culpados pelas atrocidades do Palácio do Planalto fossem os meros mensageiros do desastre.

Percebe-se, portanto, que Bolsonaro tem um comportamento muito parecido com o do lamentável ex-presidente Lula. Mas há mais. Existe em Bolsonaro uma obsessão em proteger sua própria família, que é formada por gente da pior estirpe. Bolsonaro chegou ao ridículo de indicar um de seus filhos para ser embaixador nos EUA – felizmente, a indicação não prosperou; seria o fim da diplomacia brasileira nomear um sujeito que aprendeu a falar inglês com Joel Santana e cuja experiência resume-se a ter fritado hambúrguer. Usou a ABIN para produzir relatórios e instruir a defesa de outro de seus filhos que, para não variar, responde a processo criminal. Importante ressaltar que todos, absolutamente todos os filhos do presidente da República respondem a investigações, denúncias ou processos.

Isso sem falar no retrocesso histórico no combate à corrupção. Quando deputado, Bolsonaro votava e discursava contra a chamada lei de abuso de autoridade, que dava brechas para investigados intimidarem juízes, promotores e principalmente policiais. Uma vez eleito presidente, lutou para que fosse aprovada e a sancionou. A tal historinha de que "bandido tem que se f* e acabou" ou "direitos humanos é coisa de vagabundo" também foi para o saco. Bolsonaro sancionou uma emenda do PSOL, isso mesmo, do PSOL – mais especificamente, do deputado Marcelo Freixo –, para criar a figura do juiz de garantias, paralisando processos criminais, inclusive de traficantes de drogas, armas, assassinos e estupradores, tudo isso para proteger seu filho rachadeiro. Assistiu calado ao fim da prisão em segunda instância no STF com a desculpa de que não poderia palpitar sobre decisões do Judiciário, mas foi o primeiro a procurar o presidente da corte, ministro Luiz Fux, quando este marcou julgamento sobre a Copa América. O combate aos abusos do STF deu lugar a prazerosas tardes de pizza, cerveja e jogo do Palmeiras no sofá do ministro Dias Toffoli.

Traidor é pouco. Ainda precisam inventar um adjetivo para o latrocínio cometido por Bolsonaro contra a direita brasileira. O sujeito pegou um país com sólida agenda de privatizações, reforma trabalhista, dólar baixo, crescimento em alta, Lula preso, inelegível e impopular, e está nos devolvendo o oposto, inclusive com Lula revivendo dos mortos e revigorando uma esquerda brasileira que havia sido desmoralizada por protagonizar o maior escândalo de corrupção da história do país.

9.
LULA INOCENTE?

Lula é um homem privilegiado. Rico, extremamente influente, tem a leniência e os holofotes da imprensa para dizer qualquer bobagem ou mesmo coisas extremamente ofensivas sem incorrer em qualquer tipo de reprovação. Alguém se lembra de quando ele fez piada com Pelotas, a cidade do Rio Grande do Sul que "exportava viados"? Ou dos vários comentários homofóbicos dele na década de 1980? Ou de quando fez piadinha insinuando estupro quando a polícia federal "visitou" sua camarada Clara Ant? Alguém poderia fazer qualquer uma dessas ações e não ser imediatamente considerado machista, homofóbico e todo o arsenal de classificações que a esquerda brasileira adora usar – muitas vezes até injustamente – simplesmente para demonizar seus adversários? Pois é.

Não é só a mídia que privilegia Lula. O Judiciário também. Sim, leitor, o Judiciário também. É verdade que a operação Lava Jato foi marcada por algumas ilegalidades e exageros, a maior parte deles corrigidos pela própria Justiça. Não era o caso de anular todo o processo; bastariam punições disciplinares e a anulação de parte minoritária das provas. De todo modo, não é disso que trato. Quero falar do tratamento privilegiado que Lula teve no STF.

O STF deu a Lula tratamento VIP, digno do próprio rei do camarote. Para todos os comuns, os mortais, os processos correm na primeira instância e, após a sentença, pode-se acionar a segunda instância por recurso de apelação. Após isso, para acionar o Superior Tribunal de Justiça (STJ) e o STF é preciso usar um recurso de modalidade extraordinária, que é extremamente difícil de ser conhecido – "conhecer" é o termo técnico utilizado para quando os tribunais "decidem decidir", ou seja, quando decidem enviar o recurso à julgamento. Um recurso que não é conhecido não é sequer julgado, não tem seu mérito analisado – devido à chamada jurisprudência defensiva dos tribunais superiores, que é quando as cortes começam a rejeitar em massa recursos que não julgam convenientes para desincentivar cidadãos a recorrerem de decisões proferidas pela segunda instância. O STJ e o STF só conhecem esses recursos para analisar algumas questões pontuais, sem nenhuma, zero, *niente*, absolutamente nenhuma chance de reanálise de prova. Fazer com que um recurso desses seja sequer conhecido pelo STJ e pelo STF já é um desafio.

Os processos de Lula, no entanto, foram amplamente debatidos nos dois tribunais. O leitor pode arguir que, como o processo de Lula era penal, ele pôde usar o *habeas-corpus* (HC). É verdade que, com o *habeas-corpus*, os advogados têm mais facilidade em acessar o STJ e o STF – os tribunais costumam admiti-lo sem muitos rodeios. Mesmo assim, o caso de Lula foi privilegiado.

Qualquer decisão que desagradasse a defesa gerava um *habeas--corpus* que, quando negado, gerava outro, em um tribunal superior. Alguns desses HCs eram indeferidos pelo relator, mas a defesa agravava e eles eram conhecidos. O que ocorria se improvidos? Impetrava-se outro HC. E outro. E outro. E se a Turma do STF fosse contra Lula? Usava-se o Plenário como instância revisora da Turma, função que ele não tem.

Não quero encher a paciência do leitor com tecnicismos – apesar de saber que já enchi –, mas apenas para percebermos o exagero, eu contei, no mínimo, oito *habeas-corpus*(*) relacionados ao processo do Lula. Sim, oito. Lembrando que o *habeas-corpus* é um processo autônomo; em regra, a defesa no processo penal pode ser feita sem o seu uso. A defesa tem à disposição a apelação, os embargos de declaração, os embargos infringentes, os recursos extraordinários etc. O *habeas-corpus*, como processo autônomo, só pode ser conhecido quando há uma ameaça direta à liberdade de locomoção de alguém. Mesmo com Lula solto, a defesa usou e abusou do HC, seja para contestar provas, para tratar de questões processuais como competência e suspeição etc.

Ora, mas será que o Kim está traindo o seu ideário liberal? Afinal, um bom liberal quer que o processo penal siga a lei, sem abusos ou perseguições, certo? Nenhum liberal defenderia o fim do *habeas-corpus*, não é mesmo?

Certíssimo, leitor. Ocorre que, se qualquer um dos demais brasileiros tentasse impetrar, no mínimo, oito *habeas-corpus* (bem como seus recursos, como agravos internos e embargos), a reação do Poder Judiciário já teria sido violenta. Multa por má-fé, certificação sumária de trânsito em julgado e pedidos para que a OAB averigue a conduta do advogado.

(*) HC 165793, HC 184496, HC 180985, HC 178596, HC 178041, HC 178040, HC 174988, HC 174398.

Faça um teste: pergunte ao seu advogado o quão simples é fazer com que uma questão seja conhecida – sim, conhecida, ou seja, analisada, meramente analisada – pelo STJ e pelo STF. Advogados abrem champanhe e disparam rojões quando têm um único processo que passa pelas inúmeras barreiras processuais e tem o mérito analisado – em geral, de forma monocrática pelo relator, que é quando o magistrado não submete sua decisão à avaliação de seus pares, decide sozinho, por assim dizer.

Lula é diferente. O tratamento dado a ele pelo Judiciário é diferente. Qualquer questão relativa aos seus processos é conhecida sem rodeios pelo STF, por meio do HC, mesmo quando incabível.

Para livrar Lula de todos os seus processos, que tratam de crimes que devem prescrever – importante lembrar que Lula é idoso, portanto, o prazo da prescrição dos crimes é cortado pela metade –, o STF teve de analisar e reanalisar exatamente as mesmas provas e os mesmos pedidos que o próprio STF já havia julgado. Depois de diversos julgamentos a favor das condenações de Lula, o STF decidiu reanalisar provas – importante ressaltar o STF nunca nem analisa provas em HC, muito menos as reanalisa diversas vezes – e reanalisar a suposta parcialidade da 13ª Vara de Curitiba, que já havia, repito, sido julgada imparcial pelo próprio STF.

Portanto, da próxima vez que um petista gritar que Lula foi inocentado e que as denúncias do Petrolão não passaram de uma armação, lembre-se de duas coisas: primeiro, ele não foi inocentado; segundo, o tratamento privilegiado que ele teve nenhum outro condenado jamais teve ou terá direito, pelo menos num futuro próximo, ou seja, em vez de perseguido, ele foi privilegiado pelo processo. Lula só foi libertado e teve seus direitos políticos assegurados porque, para o STF, a lei é igual para todos. Só que mais igual para uns do que para outros.

10.
COTAS PARA MULHERES OCUPAREM VAGAS NO PARLAMENTO E MOVIMENTO ANTIABORTO

Não há nada de esquerdista em afirmar que a falta de mulheres na política é um problema. Há que se reconhecer que, devido a razões históricas e culturais, a representação feminina é insuficiente. Há não muito tempo, aqui no Brasil, mulheres não podiam votar. Na origem da democracia, no "governo do povo", mulheres não eram consideradas "povo", não possuíam direito à cidadania e, portanto, não participavam do debate público.

As consequências em termos de representação desse histórico do desenvolvimento do Estado burguês são evidentes – e aqui não me refiro pejorativamente à burguesia, pelo contrário: foram os burgueses que ampliaram o acesso à política e acabaram com as monarquias absolutistas. O liberalismo é burguês por natureza, e não há nada de errado nisso. O embate entre direitistas e esquerdistas nesse caso se dá na maneira como cada um propõe solucionar essa questão.

Uma das soluções propostas e já aplicadas é a cota para candidaturas do gênero menos representado nas eleições – e por "gênero" eu digo masculino ou feminino. Dizer que quem utiliza esta palavra é porque defende a ideologia de gênero é de uma imbecilidade tremenda, a palavra é muito mais antiga do que a teoria sociológica defendida por algumas esquerdas. Pelo menos 30% dos candidatos de uma chapa precisam ser de determinado gênero, ou seja, se 70% dos candidatos forem homens, 30% precisam ser mulheres, e vice-versa. Não é, pela letra da lei, uma "cota para mulheres".

É claro que, no cenário atual, 70% dos candidatos sempre são homens, o que faz com que a lei garanta 30% de candidaturas femininas. O resultado? Uma difusão de "candidatas laranja", mulheres que não têm a menor chance de vencer a eleição e só são colocadas na chapa para que o partido cumpra a legislação eleitoral. Muitas vezes essas mulheres não têm sequer o próprio voto.

Um dos casos mais emblemáticos são as eleições municipais de 2016 no estado do Piauí. Segundo levantamento do próprio TSE, nove em cada dez candidatos que não receberam nenhum voto nas eleições de 2016 foram mulheres. Entre os sem voto, as mulheres eram 14.417 e apenas 1.714 eram homens (QUEIROGA, 2018).

Nas eleições de 2018, o cenário não foi diferente. Segundo pesquisa das professoras Malu Gatto, da University College London, e Kristin Wyllie, da James Madison University, 35% de todas as candidaturas femininas para a Câmara dos Deputados não chegaram a alcançar 320 votos. Mais: o estudo mostra que, 20 anos após a introdução da lei de cotas, publicada em 1998, pouco se avançou na representatividade de mulheres na Câmara. De 1998 a 2018, o percentual de deputadas passou de 5,6% para 15% (PASSARINHO, 2019).

Resultado mais do que previsível. Aí entra a visão de mundo liberal ou conservadora: não adianta impor um comportamento através de uma lei se a sociedade não reconhece a finalidade dessa lei como legítima. Em regra, são os costumes que se transformam em leis, não o contrário. A cultura de um povo precede a existência do Estado. O comportamento de uma sociedade precede a existência de um ordenamento jurídico. Enfiar goela abaixo só vai fazer com que a população busque subterfúgios para burlar a legislação.

E é exatamente por isso que não adianta destinar metade do fundo eleitoral – dinheiro público utilizado para fazer campanhas políticas – para candidatas mulheres.

Qual é a proposta liberal, então? Manter o *status quo* e marginalizar as mulheres do processo político? Claro que não. A proposta é começar de baixo para cima, com debate, campanhas de conscientização, promoção de encontros que despertem o interesse das mulheres para a política.

Nesse sentido, a direita tem muito a aprender com a esquerda. Apesar de a presença masculina nos partidos e movimentos de esquerda ainda ser predominante, é inegável que, proporcionalmente, há mais mulheres militando no espectro político de lá.

Parte disso em razão de algo que dificilmente mudará: liberais e conservadores contemporâneos não defendem políticas identitárias. A esquerda possui uma vertente específica para acolher mulheres, pensar políticas públicas e conteúdo ideológico para elas: o feminismo. Nós não defendemos cotas ou a imposição de uma equiparação salarial por meio de lei. Nosso discurso é menos atraente.

Isso não nos exime completamente da responsabilidade. Há muito a se fazer na direita pelas mulheres: além de um foco específico na comunicação para esse público, podemos e devemos ser mais propositivos no campo político.

Como sabem, sou contra o aborto. Porém, também sou grande crítico dos movimentos antiaborto brasileiros. Isso porque os considero muito reativos. Infelizmente, a maior parte dos movimentos existe simplesmente para impedir que o aborto seja legalizado e para atacar aqueles que pensam diferente. É claro que se trata de uma militância fundamental para a causa, mas não basta, e a maneira como a mensagem é transmitida afasta boa parte das mulheres que simpatizam com a questão.

Conheço uma excelente iniciativa em São José dos Campos, grande cidade do interior de São Paulo, a Associação Guadalupe. É uma galera que luta contra o aborto acolhendo mulheres que desejam abortar com conforto psicológico, condições materiais – o que inclui enxoval, cursos profissionalizantes e matéria-prima para produzir

Outra frente de batalha é o combate à violência doméstica. O deputado Luiz Lima (PSL-RJ) aprovou um projeto que permitiu que as mulheres pudessem se divorciar ou separar judicialmente imediatamente após a agressão. Esse projeto foi aprovado por unanimidade, inclusive sendo relatado por uma deputada conhecida por seus embates contra a direita, Erika Kokay (PT-DF). Além da brilhante construção política – é muito difícil aprovar um projeto relevante por unanimidade –, Lima ainda tem o mérito de promover uma causa extremamente simpática às mulheres e absolutamente de acordo com os ideais liberais e conservadores.

Pessoalmente, gosto da área econômica. Em reuniões com o presidente do Banco Central, Roberto Campos Neto, tive a feliz surpresa de descobrir que a maior parte das pessoas que utilizam microcrédito, cerca de 65%, – empréstimos de valores relativamente pequenos a juros baixos voltados para o empreendedorismo – são mulheres. Isso porque os homens geralmente buscam emprego fixo, e as mulheres, não querendo – com razão – ficar em casa o dia todo ou se prender a algum emprego que exija regularidade, decidem arregaçar as mangas e correr risco empreendendo.

Conversando durante alguns meses com o Ministério da Cidadania, a Caixa Econômica Federal, o Banco do Brasil, o Banco Central e a Febraban, cheguei numa proposta liberal de desburocratização do acesso ao microcrédito. Bingo! Uma política econômica liberal que atende mulheres de baixa renda, ainda servindo como um importante instrumento de ascensão social. Imagine milhões de costureiras, cozinheiras etc. que vendem os próprios produtos e terão a condição de financiar seus pequenos empreendimentos com facilidade, tendo acesso a dinheiro barato?

Eu quero mais é ver dona de casa abrindo o próprio negócio, disparando no faturamento, gerando emprego e renda e ainda ostentando de Ferrari no final de semana escutando Chitãozinho e Xororó com som no último volume – lembro da dupla porque, quando criança, ouvia muito enquanto limpava a casa com minha mãe.

Conclusão: podemos e devemos pensar em meios de promover a atuação feminina na política. Tratar toda e qualquer política pública voltada para mulheres como "baboseira feminista", além de ser uma tremenda demonstração de ignorância, é jogar para o campo político adversário pelo menos metade das pessoas que mais amamos – no meu caso, mais da metade, afinal, tenho três irmãs. Beijão para Ju, Lilian e Gaby!

Referências

PASSARINHO, Nathalia. "Candidatas laranjas: pesquisa inédita mostra quais partidos usaram mais mulheres para burlar cotas em 2018". BBC News Brasil em Londres. 08 mar. 2019. Disponível em: <https://www.bbc.com/portuguese/brasil-47446723>. Acesso em: 03 ago. 2021.

QUEIROGA, Louise. "Candidaturas 'laranjas' de mulheres ligam alerta da justiça eleitoral". O Globo. 09 jul. 2018. Disponível em: <https://oglobo.globo.com/brasil/candidaturas-laranjas-de-mulheres-ligam-alerta-da-justica-eleitoral-22867031>. Acesso em: 03 ago. 2021.

Revista Exame. "Mulheres são as que mais procuram microcrédito". Disponível: <https://exame.com/economia/mulheres-sao-as-que-mais-procuram-o-microcredito/> Acesso em 31 de julho de 2021.

11.
RACISMO ESTRUTURAL

Como já afirmei algumas vezes, o novo fetiche da esquerda é a política identitária. Uma pessoa não deve ser julgada pelo seu mérito ou por suas ações, mas por sua sexualidade, cor da pele, origem etc. Toda relação tem um opressor e um oprimido e, se você não se dá conta disso, é porque é um favorecido pelo sistema de opressão e se recusa a enxergar a realidade. Portanto, ainda que involuntariamente, em razão da sociedade em que foi criado, você é um machista, racista, homofóbico a ser desconstruído.

Sim, mesmo que nunca na sua vida você tenha cometido qualquer ato de discriminação, o fato é que, se você se recusa a ver como racista, isso é só mais uma prova de que é racista. Confuso? Explico. A esquerda adotou uma teoria chamada "racismo estrutural". É ela que embasa a teoria identitária.

A questão do chamado "racismo estrutural" está no adjetivo "estrutural". Todos sabemos que o racismo é a classificação de uma pessoa com base em sua cor/raça e, a partir dessa classificação, dar à pessoa certas características ou negar outras, de forma dissociada da realidade. Por exemplo, se eu tenho que entrevistar três pessoas que concorrem a uma vaga de emprego e uma é, sei lá, indígena, eu passo a ter um conceito pré-concebido (um preconceito) no sentido de que ela não é certa para a vaga porque, por ser indígena, deve ser indolente. No Brasil, por conta da escravidão, os negros sempre foram inferiorizados. Com o fim da escravidão, muitos simplesmente não tiveram para onde ir e preferiram ficar nas fazendas ou foram para as cidades. Sem saber ler, sem perspectivas e sem qualquer assistência estatal, ficaram marginalizados.

Tipicamente, há um preconceito na sociedade brasileira contra pessoas negras. Elas seriam, dentre outras coisas, associadas à criminalidade. A sociedade brasileira buscou, então, combater o racismo. Já na década de 1950 surgiram leis que tipificavam o racismo, primeiro como contravenção penal e depois como crime (em 1989). A Constituição de 1988, aliás, determinou que o racismo fosse crime, inafiançável e imprescritível.

É claro que o mero surgimento de uma lei não cura, da noite para o dia, uma sociedade racista, mas ajuda. A questão parece simples: há racismo no Brasil. Ele consiste em julgar uma pessoa com base em sua cor ou raça e, com base neste julgamento, negar-lhe emprego, promoção, amizade, respeito etc.

A resposta liberal é bem simples: racismo é uma estupidez e você deve julgar as pessoas com base no seu caráter, em suas ações, em seu empenho e em sua honra, tal e qual Martin Luther King pregava. Lembremo-nos das palavras de MLK: *"I look to a day when people will not be judged by the color of their skin, but by the content of their character"* [Aguardo um dia em que as pessoas não serão julgadas pela cor de sua pele, mas pelo conteúdo de seu caráter].

Aliás, Martin Luther King queria uma sociedade em que a cor das pessoas não fizesse a menor diferença para nada. Bom, problema resolvido, certo? A cor da pele não deve importar para nada e quem pratica racismo deve ser criminalizado – e ridicularizado. Certo?

Para a esquerda identitária, não. Eles trouxeram o adjetivo "estrutural". E isso muda tudo. No conceito de racismo "estrutural", a sociedade como um todo é ativamente racista. O sistema escolar, o mercado de trabalho, o poder público, as artes, tudo conspira contra uma raça – no caso, os negros. Isso lembra um pouco o conceito marxista de infraestrutura e superestrutura, em que tudo – religião, trabalho, entretenimento, sexualidade, cultura, sistema jurídico – era mero artifício para disfarçar a luta de classes.

Toda a sociedade, portanto, conspira para que os negros nunca sejam iguais aos brancos. Até a própria língua conspira para isso. Portanto, o racismo não é uma anomalia – ações discriminatórias feitas por pessoas estúpidas –, mas algo normal, parte da própria estrutura da sociedade, apesar de toda a maquiagem para que pareça o contrário – como a luta de classes marxista.

Sinistro, não? E como resolver este horror? Bem, toda a sociedade precisa mudar. Eis os passos da mudança:

1. A sociedade como um todo precisa se admitir racista. Então, se você nunca julgou alguém pela cor da pele, você é racista tanto quanto um membro da KKK, porque você está inserido na estrutura social racista;
2. Admitiu que é racista – mesmo sem nunca ter feito nenhum ato racista? Ok, então vamos às reparações: toda a estrutura social

precisa mudar de imediato. A língua deve se adaptar, as artes, o mercado de trabalho, tudo...
3. Se uma empresa tem três diretores, um deles precisa ser negro, necessariamente. Logo, dois precisarão; depois de um tempo, três;
4. Num concurso público, deve ser reservada uma cota para negros;
5. Nas artes, você não pode fazer uma exposição de quadros de três artistas brancos. Isso é, obviamente, racismo.

Ora, mas isso não é, justamente, racismo? Selecionar as pessoas pela cor da pele? Para a esquerda identitária, não. As pessoas não devem esquecer as diferenças e viver em harmonia; elas devem ressaltar continuamente as diferenças, sempre se classificando em grupos cada vez menores. Toda interação social deve ter por base essas premissas. Assim, um negro sempre será um negro, uma mulher negra sempre será uma mulher negra e uma mulher lésbica negra sempre será uma mulher lésbica negra.

"Ora, mas se eu estou contratando um analista de *marketing* para minha empresa, que importa se o candidato é negro, ou se é uma mulher negra, ou uma mulher negra lésbica? Quero alguém que trabalhe bem e não vou julgar pela cor da pele, afinal, não sou racista". Errado, meu chapa. Você é racista sim – afinal, está inserido numa sociedade racista – e a cor da pele importa sim. Você, seu racista, tem o dever moral de combater ativamente o racismo e isso significa dar prioridade para um negro ou, melhor, para uma mulher negra – afinal, pela interseccionalidade, ela é mais atingida pelo seu racismo estrutural do que um homem negro – ou, ainda melhor, para uma mulher negra lésbica (três pontos na interseccionalidade). E se você acha isso ridículo, bem, é porque você está tão imerso no racismo estrutural que não consegue ver que é racista, assim como, para um marxista, um padre, uma puta, um escritor e um professor não veem que são apenas joguetes nas mãos dos capitalistas, feitos para impedir que as pessoas se deem conta que são exploradas.

Portanto, o racismo estrutural nunca se resolve. Hoje há cotas de 20% para negros em concurso público, o que é um absurdo, já que tal política não é nada mais do que o Estado selecionar pessoas com base na cor de sua pele. O efeito dessa política, aliás, é perverso: aumenta a segregação e perpetua o racismo, acirrando os ânimos da sociedade, prejudicando principalmente os negros mais pobres, como demonstra Sowell em seu célebre "Razões Afirmativas ao Redor do Mundo". Mas apenas 20% não basta. Precisamos de mais. De 30%, 50%, 75%. E precisamos de subcotas para mulheres negras, mulheres negras lésbicas e mulheres negras trans.

Afinal, em uma sociedade em que tudo, absolutamente tudo, é feito para perpetuar o racismo, nós não podemos apenas esquecer a cor da pele; nós devemos continuamente lembrar e acentuar que somos diferentes – mesmo que essa diferença seja por um fator que deveria ser irrelevante, como a cor da pele. Disso decorre um outro fator relevante: para saber se uma frase ou atitude é racista não importa o conteúdo da frase, mas quem disse e sobre quem foi dito. Vejamos:

1. "É uma crise causada, fomentada, por comportamentos irracionais de gente branca, de olhos azuis, que antes da crise parecia que sabia tudo e que, agora, demonstra não saber nada" Lula, 2009;

2. "Uma mulher não pode ser submissa ao homem por causa de um prato de comida. Tem que ser submissa porque gosta dele". Lula, 2010;
3. "Cadê as mulheres de grelo duro do nosso partido?" Lula, 2016.

Essas frases não são racistas, porque foram ditas por Lula, que é um símbolo da esquerda. O Ciro Gomes também não é racista se chama o Fernando Holiday de capitão do mato, ou se diz que a tarefa da sua esposa na campanha é dormir com ele, porque o Ciro Gomes é nordestino e de esquerda. Se você é um "opressor" na estrutura sistêmica – branco, homem, heterossexual, "cis" etc. –, então você não pode dizer a frase X, que é perfeitamente aceitável quando dita por outra pessoa.

Podemos concluir que o tal do "racismo estrutural" tem as seguintes características:

1. O conceito de racismo estrutural não deixa de ser racista, porque ele estimula que as pessoas se segreguem em raças e cores. O Estado, as empresas, os artistas, tudo deve se atentar continuamente à cor das pessoas;
2. Uma frase ou atitude será tida como racista dependendo de quem fala, e não do que é dito;
3. O racismo estrutural incentiva uma superdivisão: além da divisão entre negros e brancos, é necessário aumentar a segregação para melhor "representar as necessidades de cada minoria": dentro do grupo dos negros há as mulheres negras, e dentro deste há as mulheres negras trans, e dentro deste as mulheres negras trans nordestinas, assim por diante;

4. O conceito de racismo estrutural é o contrário da saída liberal para o racismo – que é ver as pessoas independentemente de cor. A teoria do racismo estrutural não quer realizar o sonho de Luther King, que é o de uma igualdade plena. Ela quer o conflito constante;
5. Neste conflito, há dois lados: os antirracistas – a esquerda, apesar do fato de a esquerda ser historicamente racista, vide exemplo que demonstramos no Brasil sobre imigração japonesa – e os racistas – quem não é parte dos grupos de esquerda. Declarações e atitudes racistas são feitas não a partir do seu conteúdo, mas a partir de quem fala e sobre quem se fala. Por isso que é perfeitamente aceitável que grupos de esquerda xinguem o Fernando Holiday de "preto falso", afinal, ele é racista – pois não é de esquerda. Atualmente, a esquerda diz que não basta não ser racista; é preciso ser antirracista – ou seja, ser esquerdista.

Se você está indignado com tudo isso, tenho algumas sugestões de como proceder:

1. Insistir que a classificação de pessoas por raça/cor é uma idiotice ímpar;
2. Insistir que a criminalização do racismo é boa;
3. Dizer claramente que o que defendemos é uma sociedade em que cor e raça não importam;
4. Lembrar continuamente os vários exemplos de racismo na esquerda (Lula, Ciro, Marx, Engels, Vargas, Prestes);
5. Insistir que a teoria do racismo estrutural é, em si, racista.

O importante é ser anti-identitário. Se você nunca discriminou ninguém por cor, raça, sexualidade, religião etc., você não é uma pessoa preconceituosa e, portanto, não deve aceitar ser reprimido como se fosse. Pedir desculpas ou pagar pedágio ideológico para aqueles que tentam martelar a tese de que somos todos preconceituosos e discriminatórios é fazer o jogo dos que dividem, segregam e usam aspectos raciais com fins meramente eleitorais. Para essa gente, dividir cada vez mais a sociedade rende votos, o que é sinônimo de poder, e lhes confere uma poderosa régua moral em que todos os que discordam de seus pontos de vista são canalhas. Como discorremos no capítulo sobre o PT, trata-se de tentativa de levar o debate político – sobre divergência de visões de mundo, mas finalidades comuns – para um debate do bem contra o mal, em que o monopólio das virtudes encontra-se em determinado espectro político, sendo inaceitável discordar uma vírgula do que é imposto pela polícia do pensamento.

12.
GUILHERME BOULOS E A ESQUERDA LIMPINHA

Guilherme Boulos é o novo queridinho da imprensa e de certa parte da elite paulistana que, rica, gosta de brincar de promover o socialismo. Trata-se de gente que, como Boulos, nasceu em berço de ouro, sempre foi sustentada pelos pais e sente-se culpada em razão disso. Boulos fez um investimento em assessoria de imprensa e imagem e, ao que parece, está colhendo dividendos. Deixou de ser visto como um radical que vive nas franjas do sistema político e construiu a imagem de um intelectual, culto, moderado e disposto ao diálogo. Tudo isso com ajuda escancarada dos holofotes da imprensa.

Se acham que estou exagerando ou ventilando teoria da conspiração, observem por si mesmos as manchetes envolvendo Boulos durante sua campanha à prefeitura de São Paulo em 2020:

"Nas redes, deu Boulos; nas urnas, deu Covas" (BRUZZI, 2020).
"Boulos: o maior fenômeno eleitoral de 2020?" (LEITÃO, 2020).

É forçoso admitir que nenhum outro candidato teve o mesmo tratamento. E nem deveria ter. Imprensa está aí para publicar o que incomoda. O resto é propaganda. Sigamos.

Boulos é e sempre foi um radical que defende ideias muito fora do *mainstream* da política e alheias à vontade e convicções da maioria do povo. O fato de a imprensa e o *beautiful people* da Vila Madalena o terem escolhido como novo exemplo de moralidade só prova que há algo muito errado com nossa capacidade de julgar caráter. Vamos aos fatos.

O PSOL – partido de Boulos – é uma facção dissidente do PT. Saíram do partido porque não aceitaram a "carta aos brasileiros" lançada por Lula em 2002, prometendo que manteria o tripé macroeconômico e o pagamento da dívida externa, bem como a reforma da previdência promovida em seu primeiro mandato. Eram, portanto, uma ala do PT bastante radical, a ponto de não aprovarem a manutenção das políticas de estabilidade monetária que significaram avanço histórico e garantiram poder de compra a milhões de brasileiros pobres que viviam todos os dias na incerteza, angústia e desespero da inflação descontrolada.

Fora do governo, continuaram a radicalização. Nos últimos anos, percebendo que o operário do chão de fábrica entendeu que está no mesmo barco que aquele que o emprega e está mais interessado em pagar as contas e fazer um churrasco no final do mês do que fazer revolução – essa, aliás, é a conclusão de um estudo feito pelo próprio PT, através de sua fundação Perseu Abramo – e abraçar as práticas identitárias, importadas da esquerda americana. Basicamente, não importa o seu caráter ou esforço, o que importa é sua cor, sexualidade, origem etc. Adota-se o chamado "lugar de fala", em que uma pessoa deve ter o monopólio da fala e a superioridade de seus argumentos reconhecidos em razão de suas características físicas, ignorando completamente o fato de que a razão é única e universal e, portanto, a democracia torna-se possível na medida em que pessoas que partem dos mesmos pressupostos podem alcançar as mesmas conclusões independentemente de quem sejam.

Isso sem falar na promoção da cultura do cancelamento, que atinge quadros da própria esquerda e busca perseguir qualquer um que tenha qualquer divergência ou cometa qualquer pequeno deslize em rede social e que, portanto, em vez de se esclarecer e ter a oportunidade de desculpar-se no debate público, deve ser alvo de um linchamento virtual e passar a ser tachada de racista, machista, fascista ou homofóbica simplesmente porque discorda da visão de mundo segregacionista defendida pelo PSOL.

Boulos sempre foi um radical que se sentiu no direito de invadir propriedades privadas – lembrando que prédio público também é propriedade privada –, incentivar ataques à polícia, resistência a reintegrações de posse etc. Além disso, o líder psolista costuma dar declaração de amor a regimes ditatoriais como os existentes em Cuba e na Venezuela, a regimes que perseguem minorias e desrespeitam direitos e garantias fundamentais – aliás, políticos psolistas já chegaram a homenagear o líder da ditadura norte-coreana; para eles, o fato de ditadores terem condenado gerações de pessoas à pobreza e violência é algo menor. O sujeito já chegou a dar palanque para um stalinista, isso mesmo, para um defensor do regime mais genocida da história, tratando-o como um intelectual razoável a ser escutado e levado em consideração no debate público (BOULOS, 2020).

Em suma: Boulos é o típico menino rico paulistano que, revoltado com sabe-se lá o quê, resolveu tornar-se um radical de esquerda. Era de se esperar que isso passasse quando ele completasse dezesseis anos, mas não passou.

Boulos promove invasões contra a propriedade privada que são ilegais sob qualquer ponto de vista. A Constituição dá instrumentos para o aproveitamento de propriedade urbana ou rural que esteja sem cumprir sua função social. Não cabe a um grupo qualquer decidir por conta própria qual imóvel cumpre ou não sua função social e tomar, por meios violentos, as medidas (ilegais) que entendem cabíveis. Isso é crime em todo e qualquer país democrático do mundo.

A desculpa de que há previsão constitucional para a desapropriação de terras que não cumprem sua função social não cola porque quem decide qual propriedade cumpre ou não sua função é o Estado, não agentes ou movimentos privados. Se qualquer cidadão pudesse interpretar e aplicar a Constituição a seu bel-prazer não teríamos Estado Democrático de Direito, mas um cenário anárquico *a la* Mad Max, em que prevaleceria a selvageria, a barbárie e a lei do mais forte. Seria o mesmo que tirar à força um sujeito de um leito de UTI para se colocar em seu lugar alegando que a Constituição lhe garante o direito à saúde. Ou formar milícias privadas para fazer policiamento de bairros com a justificativa de que a Constituição considera a segurança direito de todos, inclusive por meio da autotutela.

Afirmar – como faz parte da imprensa e do público fofinho e rico da Vila Madalena – que Boulos faz cumprir a função social da propriedade prevista na Constituição com suas invasões seria o mesmo que afirmar que Márcia Tiburi estava certíssima quando defendeu o assalto – que muitas vezes termina em latrocínio – como medida de correção de injustiças ou afirmar que o PCC dá cumprimento ao direito à saúde quando paga remédio para alguém de uma favela.

Nesse sentido, as ações e palavras de Boulos lembram o PT de antes de 2002. Tudo é simples, binário, manipulável. O mundo é dividido em pessoas boas (eles e quem concorda com eles) e vilões (quem discorda deles). As soluções para os problemas do mundo são sempre simples: não há espaço para investimento? Vamos parar de pagar a dívida externa (ignorando o efeito que isso teria no fluxo de investimentos do país). Há problema de distribuição de terras? Invade-se!

Simplificando um pouco, isso é assim porque o pensamento esquerdista segue o esquema marxista de base/superestrutura. As limitações da realidade muitas vezes são apenas manifestações da superestrutura. É por isso que os heróis acadêmicos da esquerda (Marilena Chauí, Vladimir Safatle etc.) gostam de desdenhar das limitações jurídicas e econômicas e sugerem "um outro mundo". De fato, é um "outro mundo", um que ignora a realidade!

O programa de Boulos continua tão radical quanto sempre foi. Vejamos o seu programa de governo apresentado ao público paulistano quando concorreu às eleições municipais de 2020. Ele fala em invasão de imóveis – sob o eufemismo "ocupação", é claro –, aumento indiscriminado de tributos, criação de um *app* estatal de entrega de comida – sim, ele realmente propôs isso quando foi candidato à prefeitura de SP. Seria uma espécie de "Foodbrás" ou "Brásfood"; imagine que você peça algo para o almoço e seja entregue no jantar – isso apenas para começar pelas mais bobinhas.

Na área econômica, o programa fala até em subsidiar eletrodomésticos! Ideia brilhante, não? O que poderia dar errado? Nunca ninguém jamais tentou coisa parecida em nossa história recente, não é mesmo?

Mesmo com tudo isso, Boulos é visto por parte da elite paulistana e da imprensa como um cara "paz e amor". Por quê? Provavelmente porque boa parte dessa elite parte da ideia infantil de que é necessário fazer uma rebelião contra o "sistema", ou seja, toda a "superestrutura" – que, de acordo com o ensinamento de Marx, é tudo que não seja relação econômica. Universidades, instituições jurídicas, mercado, artes etc., tudo isso faz parte de um sistema machista, racista, elitista, taxista, que deve ser derrubado.

O fato permanece o mesmo: quando nos permitimos o uso da violência, estamos negando o Estado de Direito. Ao fazê-lo, nos aproximamos do modelo de Estado autoritário, em que não há limite para as ações. É preciso entender, porém, que a elite da esquerda identitária – jovens ricos e brancos que dizem falar em nome dos negros e pobres – cria um mundo imaginário e age de acordo com as premissas desse mundo. A realidade, suas complicações e limites não importam e, consequentemente, a experiência não importa. Por isso a doutrina identitária é revolucionária, anticonservadora.

Lembremo-nos do que disse Hannah Arendt: "A qualidade negativa marcante da elite totalitária é que ela nunca pensa o mundo como ele realmente é e nunca compara as mentiras com a realidade".

Referências

ARENDT, Hannah, *Eichmann em Jerusalém*. Companhia das Letras, São Paulo, 1999.

BOULOS, Guilherme. Tweet de 10 set. 2020. Disponível em: <https://twitter.com/GuilhermeBoulos/status/1304152439151624193?s=20>. Acesso em: 04 ago. 2021.

BRUZZI, Pedro. "Nas redes, deu Boulos; nas urnas, deu Covas". *Revista Piauí*. 20 nov. 2020. Disponível em: <https://piaui.folha.uol.com.br/nas-redes-deu-boulos-nas-urnas-covas/>. Acesso em: 04 ago. 2021.

FUNDAÇÃO PERSEU ABRAMO. *Percepções e valores políticos nas periferias de São Paulo*. Disponível em: <https://fpabramo.org.br/publicacoes/publicacao/percepcoes-e-valores-politicos-nas-periferias-de-sao-paulo/>. Acesso em: 04 ago. 2021.

LEITÃO, Matheus. "Boulos: o maior fenômeno eleitoral de 2020?". *Veja*. 10 out. 2020. Disponível em: <https://veja.abril.com.br/blog/matheus-leitao/boulos-o-maior-fenomeno-eleitoral-de-2020/>. Acesso em: 04 ago. 2021.

MOTA. Erick. "Deputado do Psol homenageia Kim Jong-um na Assembleia do RJ". *Congresso em foco*. 12 dez. 2019. Disponível em: <https://congressoemfoco.uol.com.br/mundo-cat/deputado-do-psol-homenageia-kim-jong-un-na-assembleia-do-rj/>. Acesso em: 04 ago. 2021.

TERRA. "Vereador do PSOL prestou homenagem a ditador norte-coreano". *Terra*. 12 dez. 2019. Disponível em: <https://www.terra.com.br/noticias/brasil/politica/vereador-do-psol-prestou-homenagem-a-ditador-norte-coreano,c018c1bf09ea6306030f80b85b511a7cshtzxvmj.html>. Acesso em: 04 ago. 2021.

13.
PRESERVAR O MEIO AMBIENTE É COISA DE CONSERVADOR

A preservação da floresta amazônica é um tema polêmico. Como assim, Kim? Quem diabos em sã consciência se diria contra a preservação da floresta amazônica? Não há polêmica, você deve estar pensando. Em toda minha vida, conheci pouquíssimas pessoas que se diziam contra a preservação ambiental – já cheguei a ouvir a bizarra frase "árvore boa é árvore tombada" –, em geral eram pessoas muito esquisitas ou queriam apenas chamar atenção. Algumas pessoas que falavam isso no passado hoje se envergonham e preferem nem lembrar das bobagens ditas.

Bem, então está tudo certo. Vamos preservar a floresta amazônica e pronto. Combinado? Não é tão simples. É claro que todos queremos preservar a floresta amazônica, mas há diferenças de definição. Preservar significa não explorar? Ou explorar de modo controlado? E os indígenas, que papel eles devem ter na exploração de recursos naturais?

Como tem ocorrido com frequência nos tempos em que vivemos, o assunto foi politizado – no mau sentido da palavra – e tratado de forma infantil. Ou você é um esquerdista fofo que se diz amigo do meio ambiente ou você é um direitista malvado que tem prazer em derrubar árvores. Questões importantes como a presença do narcotráfico nas fronteiras – muitas delas cobertas pela floresta amazônica –, defesa nacional, biopirataria e outras acabam ficando de fora.

Estou convencido que a pior coisa a ser feita em termos de meio ambiente é infantilizar a discussão. Pessoas como Greta Thunberg ou celebridades de Hollywood que ficam confortavelmente "protestando" em suas mansões na Califórnia só atrapalham a discussão da preservação ambiental. Isso porque banalizam a discussão, criando uma falsa dicotomia, transformando a séria e necessária discussão sobre preservação ambiental em um debate do bem contra o mal, como se houvesse alguma corrente ideológica que seriamente defendesse a destruição ambiental como melhor solução para o desenvolvimento humano.

É quase como se quem discordasse das "políticas" defendidas pelo ativismo de *hashtag* fosse um vilão superficial de *anime*, que busca apenas a destruição pela destruição enquanto ri da desgraça de pessoas inocentes. É óbvio que isso não contribui em nada para o debate.

Claro que há quem lucre cometendo crimes contra o meio ambiente, desmatando para vender madeira ilegal e traficando animais silvestres, mas não há quem defenda esses criminosos no debate público. Nem esquerda nem direita posicionam-se a favor de pessoas que destroem o meio ambiente ilegalmente como forma de enriquecer. São criminosos e devem ser tratados como tal. Confundir quem discorda do seu ponto de vista sobre políticas públicas para preservação ambiental com quem comete crimes contra o meio ambiente é canalhice. Uma coisa é a discordância de visão de mundo, outra coisa é dilapidar patrimônio público ou privado como método para se fazer fortuna.

Outros que atrapalham a discussão são radicais como Jair Bolsonaro e seus asseclas. Com suas afirmações estapafúrdias, acabam deixando o tema polarizado sem a menor necessidade e travando algumas iniciativas simples e consensuais para proteção do meio ambiente. Se na ditadura militar a expansão de setores da pecuária foi um dos vilões do desmatamento ilegal, hoje é outro tipo de gado que está causando problemas ambientais.

O que fazer, então? Bem, primeiramente, temos que despolitizar o tema. Houve grande desmatamento nas gestões do PSDB, assim como nas do PT. Conforme reportagem da Folha de São Paulo, em 19 de janeiro de 2014, ambientalistas consideravam a gestão Dilma a pior da história para o meio ambiente, sendo que o governo Lula não fica muito atrás. Foi sob a gestão de Lula que os incêndios mais destruíram nossa Amazônia – período em que Marina Silva era ministra e acabou sendo demitida. A grande diferença era que Lula sabia comunicar para o mundo o fato de que, mesmo com todos os desastres ambientais de sua gestão, o Brasil era – e ainda é – uma potência ambiental de fazer inveja a qualquer país desenvolvido. Seguramente, a gestão Bolsonaro também não foi boa. Apesar de apresentar menos casos de incêndio do que a gestão Lula, o desmatamento ilegal disparou, muito em razão da falta de liderança e empenho do governo. Aliás, falando em PT, o governo Dilma também teve mau desempenho na área ambiental.

Mas o que preservar o meio ambiente tem a ver com ser liberal ou conservador? Qual é a filosofia que justifica a preservação dos recursos naturais? Nosso coleguinha Roger Scruton tem a resposta: as bases do conservadorismo são o amor à localidade, que se consubstancia no apreço pela natureza, preservação do meio ambiente e cuidado com nosso patrimônio para as gerações futuras. É a famosa união de

Burke entre as gerações dos mortos e dos vivos. Essa união, dentro de um sistema econômico dinâmico como o capitalismo, precisa intencionalmente buscar o equilíbrio entre preservação e desenvolvimento econômico.

Ou seja, conservadorismo pressupõe respeitar o legado das gerações passadas – tradição – e preservar o mundo para as gerações futuras. É um pacto intergeracional. O amor ao local em que você nasceu e foi criado, que também é pilar fundamental do conservadorismo, deve traduzir-se, entre outras coisas, na preservação do meio ambiente. O conservador não preserva apenas bens imateriais, como a tradição e os bons costumes, mas também os bens materiais. Princípio fundamental do conservadorismo é a prudência. Ser prudente é ser diligente, cuidadoso com o que se tem, precavido. Explorar o meio ambiente de maneira predatória é conduta diametralmente oposta ao que prega o conservadorismo.

Isso não significa que o conservador defenda a preservação como um fim em si mesmo. A preservação é meio de garantir qualidade de vida para as atuais e futuras gerações. Os recursos naturais devem ser explorados sim, afinal de contas, preservação total significaria voltarmos ao estado natural do ser humano, que é a miséria, a pobreza. Contudo, essa exploração precisa ser sustentável para que as próximas gerações, com as quais todo conservador tem compromisso firmado, também possam usufruir de uma vida digna, ainda que dentro das limitações que um mundo de recursos escassos impõe.

Encaremos os fatos: precisamos preservar o meio ambiente e isso passa pela preservação da floresta amazônica. Temos que fazer isso por meio de políticas públicas racionais, perenes, que possam passar de um governo a outro sem sofrerem grandes abalos por causa da troca da chefia do Poder Executivo. Tudo isso com muita transparência, inclusive ante à sociedade internacional, sem jamais esquecer que os países mais desenvolvidos não têm um bom histórico ambiental – eles convenientemente se esquecem disso nos foros multilaterais.

Para conseguirmos isso, precisamos excluir pessoas como Greta Thunberg e outras do debate. Infantilizações, generalizações e polarização só fazem mal ao meio ambiente. Com sua retórica de menina mimada de país rico, a srta. Thunberg só conseguiu criar antipatia e fazer as pessoas antipatizarem com a questão ambiental.

Passou da hora de os ambientalistas – de esquerda e de direita – olharem para figuras caricatas como a srta. Thunberg e dizerem: *"how dare you?"*

Referências

BBC NEWS BRASIL. "ONG acusa governo Lula de financiar desmatamento na Amazônia". *BBC News Brasil*. 01 jun. 2009. Disponível em: <https://www.bbc.com/portuguese/noticias/2009/06/090601_greenpeace_gado_amazonia_rw>. Acesso em: 04 ago. 2021.

BRASIL DE FATO. "Dados de desmatamento de órgão do próprio governp desmentem discurso de Bolsonaro". *Brasil de Fato*. São Paulo, 07 mai. 2021. Disponível em: <https://www.brasildefato.com.br/2021/05/07/dados-de-desmatamento-de-orgao-do-proprio-governo-desmentem-discurso-de-bolsonaro>. Acesso em> 04 ago. 2021.

DIÁRIO DO PODER. "Desmatamento bateu recorde no governo Lula sob silêncio das mídias e de ONGs". *Diário do poder*. 26 ago. 2019. Disponível em: <https://diariodopoder.com.br/politica/desmatamento-bateu-recorde-no-governo-lula-sob-silencio-constrangedor-de-ongs>. Acesso em: 04 ago. 2021.

ESTADÃO CONTEÚDO. "Desmatamento na Amazônia atinge pior índice para o mês desde 2016". *Istoé Dinheiro*. 07 mai. 2021. Disponível em:

<https://www.istoedinheiro.com.br/desmatamento-na-amazonia-em-abril--atinge-o-pior-indice-para-o-mes-desde-2016/>. Acesso em: 04 ago. 2021.

FRANCO, Bernardo Mello; FRANCO, Ilimar. "Lula desautoriza Marina". *O Globo*. 31 ajn. 2008. Disponível em: <https://www2.senado.leg.br/bdsf/bitstream/handle/id/414219/noticia.htm?sequence=1&isAllowed=y>. Acesso em: 04 ago. 2021.

MENDONÇA, Ricardo. "Gestão Dilma é a pior da história para o meio ambiente, diz ambientalista". *Folha de São Paulo*. 19 jan. 2014. Disponível em: <https://m.folha.uol.com.br/poder/2014/01/1399512-governo-dilma-e--o-pior-da-historia-para-o-meio-ambiente-diz-ambientalista.shtml>. Acesso em: 04 ago. 2021.

PÁDUA, Maria Tereza Jorge. "O impacto ambiental do governo Lula". *O eco*. 04 ago. 2004. Disponível em: <https://www.oeco.org.br/colunas/16217--oeco-9946/>. Acesso em: 04 de ago. 2021.

SCRUTON, Roger. *Conservadorismo*: um convite à grande tradição. Rio de Janeiro: Record, 2019.

14.
CHE GUEVARA

Um dos maiores males da política é o culto à personalidade. É possível admirar pessoas sem deificá-las. O problema é que, como a política se faz muito mais conquistando corações do que conquistando mentes, as paixões muitas vezes buscam reescrever a história, apagando o passado nefasto de personalidades sombrias. É bizarro que, no debate público contemporâneo, haja pessoas que realmente defendam Lenin, Stalin, Mao e a ridícula dinastia norte-coreana. Nesse delírio coletivo, os fatos tornam-se irrelevantes, o que importa é a ideologia que a figura representa.

A esquerda da América Latina poderia ter escolhido a imagem de Fidel Castro para representar a causa socialista, mas ele estava muito associado à miséria e aos horrores de Cuba, país que ninguém inveja. Escolheu, então, cultuar Che Guevara, que igualmente homicida, morreu jovem e sem os ônus de ter de lidar com a realidade e governar um país, abrindo canal para a construção de um mito que até hoje inspira jovens desavisados.

Há vários livros que desnudam a personalidade doentia de Che Guevara, tais como "Verdadeiro Che Guevara", de Humberto Fontova e o polêmico (e divertido) "Guia Politicamente Incorreto da América Latina", de Leandro Narloch. Outras obras o tratam de maneira ridiculamente caricata, como se fosse um santo – como é o caso do filme "Diários de Motocicleta", geralmente apresentado a alunos de ensino médio. Acredito que é revelador o fato de que Guevara montou o primeiro campo de trabalho forçado de Cuba para pessoas vistas pelo Estado como delinquentes. Esses campos, chamados de *Unidades Militares de Ayuda a la Producción* (Umaps) eram formados por presos guardados por homens armados e que trabalham sem receber quase nada.

Quem eram os "delinquentes"? Bem, qualquer um que se opusesse à maravilhosa revolução – aquela que trouxe igualdade pela universalização da pobreza, exceto da elite governamental, claro. A oposição não precisava ser direta; bastava ter um estilo de vida incondizente com os valores revolucionários. Ser homossexual, por exemplo, tornava a pessoa quase um contrarrevolucionário e, portanto, um alvo do novo regime – convém lembrar isso quando a esquerda paz e amor representada pelo PSOL fizer um discurso sobre "ódio" e "minorias". Para Che e seus companheiros, a homossexualidade não passava de uma perversão pequeno burguesa.

Também eram alvo pessoas que tinham outras práticas culturais capitalistas tidas como "decadentes". Podemos pensar no que seriam os valores "decadentes". Possivelmente eram os valores da democracia ocidental, como legalidade e direito de ter um julgamento justo, com presunção de inocência. Em 1962, o jornal oficial cubano Revolución informou que Guevara disse:

em tempos de tensão excessiva, não podemos agir fracamente. Na Sierra Maestra, executamos muitas pessoas por esquadrão sem saber se eram totalmente culpadas. Às vezes, a Revolução não pode parar para conduzir muita investigação; tem a obrigação de triunfar.

Prático, bem prático.

Em seus diários, Guevara ficou poético: "Vejo isso impresso no céu noturno que eu ... uivando como alguém possuído, assaltará as barricadas ou as trincheiras, pegará minha arma manchada de sangue e, consumido pela fúria, matará qualquer inimigo quem cai nas minhas mãos". Mais tarde, ele escreveu em um de seus diários sobre como atirou em um camponês que admitiu vazar informações ao inimigo. "Ele ofegou por um tempo e estava morto", escreveu Guevara. "Executar um ser humano é algo feio, mas [também] exemplar." Prático, muito prático.

Outro valor ocidental é a liberdade de imprensa, coisa que Guevara sempre atacou. Em 1959, o jornalista esquerdista José Pardo Llada relatou que Guevara lhe disse: "Precisamos eliminar todos os jornais; não podemos fazer uma revolução com a imprensa livre. Os jornais são instrumentos da oligarquia". Alguma semelhança com o discurso "contra o sistema e a mídia perseguidora" de Bolsonaro ou com afirmações de Lula sobre o Partido da Imprensa Golpista e sua defesa do interesse das elites? Jogar a culpa dos erros e atrocidades do governo em cima dos mensageiros é estratégia tão antiga quanto a política, muito bem retratada, diga-se, na obra "1984", de George Orwell.

Você acha que só isso já seria suficiente para dar um nó na cabeça do seu amigo universitário militante do PSOL que fala de tolerância e diversidade? Que tal essa outra frase de Guevara: Em seu diário, Che Guevara escreveu sobre "os negros" que vivem em Caracas, Venezuela, chamando-os de "aqueles magníficos exemplos da raça africana que mantiveram sua pureza racial graças à falta de afinidade com o banho" Guevara continuou escrevendo: "o preto é indolente e sonhador; gastando seu salário escasso em frivolidade ou bebida; o europeu tem uma tradição de trabalho e economia".

Fofo, não? Deu até vontade de comprar uma daquelas camisetas poéticas produzidas por meios de produção... capitalistas.

Referências

FONTOVA, Humberto. "O verdadeiro Che Guevara". *Mises Brasil*. 31 mar. 2009. Disponível em: <https://www.mises.org.br/article/260/o-verdadeiro-che-guevara>. Acesso em: 04 ago. 2021.

LIVRARIA DA FOLHA. "Leia trecho da obra que mostra lado brutal de Che Guevara". *Folha de São Paulo*. 12 ago. 2011. Disponível em: <https://www1.folha.uol.com.br/livrariadafolha/958649-leia-trecho-da-obra-que-mostra-lado-brutal-de-che-guevara.shtml>. Acesso em: 04 ago. 2021.

RODRIGUES, Amanda Aparecida Gomes. *Memórias da repressão do governo revolucionário a grupos religiosos e homossexuais em Cuba*: um estudo dos testemunhos de ex-umapianos (1984-2019). Monografia. 72 f. Instituto de Ciências Humanas – Universidade Federal de Uberlândia. Ituiutaba, 2020. Disponível em: <https://repositorio.ufu.br/bitstream/123456789/30250/1/Mem%C3%B3riasRepress%C3%A3oGoverno.pdf>. Acesso em: 04 ago. 2021.

SPERANDIO, Luan. "A verdade sobre Che Guevara em 11 fatos". *Ideias Radicais*. 15 out. 2020. Disponível em: <https://ideiasradicais.com.br/che-guevara/>. Acesso em: 04 ago. 2021.

http://slidehot.com/resources/las-victimas-olvidadas-del-che-guevara-maria-c-werlau-traduccion-por-eida-del-risco.253072/

15.
EUROPA – O LUGAR ONDE O SOCIALISMO DEU CERTO

Socialistas mais sofisticados, aqueles que passam férias em Paris e vivem usando seus iPhones enquanto tomam um cafezinho na Starbucks, adoram dizer que os países da Europa são exemplos do socialismo que deu certo, do socialismo "democrático".

Afinal de contas, o socialismo do Leblon e da rua Augusta – doutrina de preferência de todo militante de centro acadêmico, invasor de reitoria –, tão profundo quanto um pires, não tem nada a ver com planejamento centralizado, revolução armada ou acirramento do conflito de classes. Trata-se, na verdade, de um regime em que iPhones são distribuídos igualmente para todos, unicórnios voadores vomitam arco-íris e o mundo é um grande programa da Regina Casé, em que ser pobre significa viver feliz e saltitante.

O que eles chamam de socialismo é o Estado de bem-estar social, o *Welfare State,* que, segundo as esquerdas, representa o ápice do desenvolvimento social humano. O que eles não contam é que por todo o continente europeu, esse sistema assistencialista está desmoronando e o pagador de impostos – que é quem sempre fica com a conta – começa a mostrar a sua indignação. Como já disse Frédéric Bastiat: "O Estado é a grande ficção através da qual todos tentam viver às custas de todos".

O maior exemplo disso é a Suécia, que sempre foi colocada como modelo de país da social-democracia, com uma alta carga tributária e bom retorno para pagador de impostos. Pesquisa sobre a satisfação dos cidadãos com o retorno dos seus impostos mostrou que a realidade não é bem assim: 45% dos suecos acreditam que os impostos estão muito altos. Em 2014, esse número era de 27%. Parte disso pode ser explicada pelo aumento dos gastos do governo sueco com refugiados: o país recebeu cerca de 600.000 imigrantes nos últimos 5 anos, um número muito, mas muito alto para um país com 10 milhões de habitantes.

Quanto mais serviços um Estado presta, mais caro ele custa para o pagador de impostos. É como comparar um elefante com um pônei: o elefante aguenta muito mais peso, mas em compensação, come muito mais e deixa um presentinho muito maior quando precisa fazer suas necessidades. Foi o que os suecos descobriram no início da década de 1990, quando o Estado de bem-estar social levou o país à falência. E o que salvou o paraíso sueco? Mais hospitais? Destinar 99% do PIB para a educação? Sinto muito, coleguinhas, a realidade é, digamos assim, mais realista: a salvação dos suecos foram privatizações e a flexibilização do mercado de trabalho, justamente o que vocês, caros esquerdistas, vivem combatendo aqui no Brasil. Os suecos tiveram que recolher os presentinhos do elefante. Teria sido muito mais fácil se fosse um pônei. E convenhamos que pôneis são muito mais legais.

A fortuna sueca começou a ser criada na década de 1860, com o início de reformas econômicas que deram o pontapé inicial ao processo de industrialização do país. A desregulamentação, a abertura do mercado para investimentos estrangeiros e a infraestrutura barata foram cruciais para que a Suécia ocupasse as primeiras posições na corrida industrial. Assim como um cavalo mais leve e ágil corre mais rápido, um Estado limitado é mais eficiente e faz com que a economia cresça com muito mais facilidade. Grandes investidores sabem disso. E é por isso que ninguém quer apostar no pangaré brasileiro, que carrega toneladas de carga inútil nas costas.

TODAS as 50 maiores empresas suecas surgiram antes de 1970, ou seja, todas elas só chegaram onde chegaram por terem crescido durante o período no qual a economia no país era mais livre e não havia o pesado Estado de bem-estar social de hoje.

Ao contrário do que se possa pensar, liberais não são necessariamente contrários à distribuição de renda. Existem diversos liberalismos, um deles, inclusive, pode ser chamado de "liberalismo igualitário". Este que vos escreve, por exemplo, é favorável ao modelo de renda mínima de Milton Friedman, um piso de dignidade para garantir que todos desenvolvam suas individualidades. A questão aqui não é sequer econômica, é matemática: para dividir o bolo, primeiro esse bolo precisa crescer. Caso contrário, não há socialização de riqueza, mas miséria coletiva.

Na França, quem percebeu que o atual sistema não funciona foi o próprio governo. O presidente Emmanuel Macron admitiu que o atual modelo só despeja dinheiro público e não resolve a situação. Segundo o francês, esse sistema não está ajudando as pessoas a saírem da pobreza, pelo contrário: está perpetuando a pobreza! Macron ainda defende uma reforma trabalhista com flexibilização das leis do trabalho, assim como no Brasil. De acordo com ele, seria demagogia acreditar que podemos defender os direitos do trabalhador sem defender os direitos de quem gera empregos.

Isso não significa que Macron seja liberal. Pelo contrário: durante seu governo, promoveu diversas medidas estatizantes e populistas. Trata-se apenas de bom senso: dinheiro, como se sabe, não dá em árvore, tampouco brota de um papel assinado por um político, ainda que nesse papel esteja escrito "direitos sociais".

No início, o Estado de bem-estar social tinha funções mais simples e específicas, como o seguro-desemprego ou o auxílio para inválidos. Hoje, o *Welfare State* francês cobre óculos de grau, aparelhos auditivos, implantes dentários e por aí vai. Esse paternalismo cria uma lógica perversa, na qual o beneficiado não tem nenhum incentivo para deixar o programa e sim para se manter nele. Uma das máximas de Ronald Reagan era que devemos medir o sucesso de um programa social pelo número de pessoas que deixam o programa e não pelo número de pessoas que aderem ao mesmo.

Pois então, meu amigo, se você acha que alguma coisa é cara, espera só o governo dizer que vai ser de graça.

Referências

BASTIAT, Frédéric. *A Lei*. Instituto Ludwig von Mises Brasil, São Paulo, 2010.
BILLNER, Amanda; LINDBERG, Rafaela; MAGNUSSON, Niklas. "Now even swedes are questioning the welfare state". *Bloomberg*. 26 jun. 2018. Disponível em: <https://www.bloomberg.com/news/articles/2018-06-26/now-even-swedes-are-questioning-the-welfare-state?utm_campaign=socialflow-organic&cmpid=socialflow-facebook-business&utm_source=facebook&utm_content=business&utm_medium=social>. Acesso em: 04 ago. 2021.

CHRISAFIS, Angelique. "Emmanuel Macron pledges to overhaul French welfare state". *The guardian*. 09 jul. 2018. Disponível em: <https://www.theguardian.com/world/2018/jul/09/macron-pledges-to-overhaul-french-welfare-state>. Acesso em: 04 ago. 2021.

FOLHA ONLINE. "Empresa brasileira é a que mais gasta tempo para pagar impostos". *Folha de São Paulo*. 23 nov. 2007. Disponível em: <http://www1.folha.uol.com.br/mercado/2007/11/348063-empresa-brasileira-e-a-que-mais-gasta-tempo-para-pagar-impostos.shtml>. Acesso em: 04 ago. 2021.

HERITAGE. *2021 Index of Economic Freedom*: Sweden. Disponível em: <http://www.heritage.org/index/country/sweden>. Acesso em: 04 ago. 2021.

KARLSSON, Stefan. "The Swedish Myth". *Mises Institute*. 7 ago. 2006. Disponível em: <http://mises.org/daily/2259>. Acesso em: 04 ago. 2021.

LIFE. "King Gustaf of Sweden". *Life*. 11 jul. 1938, pp. 31-37. Disponível em: <http://books.google.pt/books?id=f08EAAAAMBAJ&lpg=PP1&ots=ADyf8WOb5i&pg=PA31&redir_esc=y#v=onepage&q&f=true>. Acesso em: 04 ago. 2021.

THE ECONOMIST. "Capitalism needs a welfare state to survive". *The Economist*. 14 jul. 2018. Disponível em: <https://www.economist.com/leaders/2018/07/12/capitalism-needs-a-welfare-state-to-survive>. Acesso em: 04 ago. 2021.

https://www.mises.org.br/Article.aspx?id=2548

16.

POR QUE A ESQUERDA LEVA A FAMA DE VIRTUOSA ENQUANTO A DIREITA É INFAME?

Quer uma dica de como combater algo que seja intelectualmente e moralmente bem melhor do que o que você defende? Eu te ensino. Você tem que usar a tática do espantalho. Se você não consegue combater a coisa em si, crie uma versão totalmente deformada dela e combata essa versão. Muito mais fácil. Tão fácil quanto imprimir a foto de um desafeto seu, colá-la num travesseiro e esmurrá-la.

Por exemplo, se você é socialista, vai ter muita dificuldade em combater o liberalismo, que é um sistema claramente melhor, tanto do ponto de vista moral quanto econômico e social. Não precisa ir muito longe para chegar a tal conclusão; basta comparar o desempenho dos países que adotaram o socialismo com os países liberais. É bem autoexplicativo. Resta aos socialistas usar a técnica do espantalho para combater o liberalismo.

Uma das estratégias mais comuns – e absurdamente aceitas pela grande imprensa – é a de que quem é de esquerda pensa mais nas pessoas, nos mais pobres, nas minorias, está mais preocupado com o bem-estar e a garantia de direitos fundamentais dos mais oprimidos.

Isso coloca a direita, na melhor das hipóteses, no campo que pensa "apenas" na economia, nos números, nas flutuações da bolsa, da taxa de juros, do câmbio, da inflação. Seres frios, calculistas e portadores de uma miopia que os permite enxergar apenas o dinheiro. Na pior das hipóteses, seriam exploradores, opressores, defensores de política "antipovo e antipobres", capachos de uma ideologia que não passa de instrumento de dominação dos mais poderosos.

Assim fica fácil debater, não é mesmo? Basta colocar-se como monopolista das virtudes, paladino da justiça, entidade dotada de superioridade moral quase divina e condenar sumariamente seus adversários. Como se trata de uma luta entre bem e mal, os argumentos, fatos, políticas públicas pouco importam. Parte-se da premissa de que todos concordam que, por exemplo, o sistema capitalista é a origem da desigualdade social e produz miséria. Assim, todos aqueles que o criticam são virtuosos e seus defensores são canalhas. Leva-se uma discussão política séria e necessária para um campo moral infantilizado, binário.

Aqui é preciso afirmar o óbvio: há pessoas de direita e de esquerda que são bem intencionadas e que, apesar de defenderem igualmente uma sociedade mais próspera, justa, com um padrão de vida digno para todos os seres humanos, divergem frontalmente sobre os meios para se alcançar essa sociedade. Na maioria das vezes, quando discordamos de amigos ou de familiares, trata-se de uma disputa de meios, não de fins. Não é como se alguém próximo a nós estivesse defendendo algum interesse oculto. Nós simplesmente divergimos sobre o caminho para alcançar objetivos comuns e virtuosos. A maioria das pessoas debate política de boa-fé, acreditando na visão de mundo que verbalizam. Os canalhas de ambos os lados, apesar de muitas vezes estarem em evidência na política e na imprensa, são exceção.

O liberalismo não é um trabalho de um único teórico, tampouco algo que tem marcos temporais tão fixos. Mesmo os teóricos que melhor trabalharam o tema partiram da observação do que funcionava e do que não funcionava. Os maiores economistas liberais descreveram um sistema funcional e não formularam algo novo. Essa é uma das diferenças fundamentais entre socialismo e capitalismo. O capitalismo não foi idealizado, pensado. Ele foi estudado depois de acontecer naturalmente. Produção em massa para as massas, como Ludwig von Mises definia o capitalismo, foi algo que simplesmente aconteceu como fruto do desenvolvimento tecnológico e do avanço da complexidade de contratos entre agentes privados. O socialismo é o oposto: trata-se de ideologia fabricada, como se seres humanos fossem ratos de laboratórios a seguir determinada fórmula político-econômica e, assim, alcançar o patamar de um suposto "homem ideal".

Um dos críticos do liberalismo é italiano Domenico Losurdo, filósofo da moda após ter sido elogiado por Caetano Veloso – que já chegou a declarar-se liberal, mas hoje faz *live* com "intelectual" stalinista. Losurdo afirma que o liberalismo conviveu muito bem com a escravidão. Mentira. A escravidão é fenômeno histórico e foi sendo abolida com o tempo, até chegarmos a uma proibição completa. Explico.

Quais foram os países que primeiro aboliram a escravidão e pressionaram o resto do mundo a fazer o mesmo? Os berços do liberalismo. No século XIX, o Brasil enfrentava imensa pressão da Inglaterra liberal para abolir o tráfico. Nos EUA, o Norte, liberal, pressionava o Sul, de economia bem mais truncada e dependente do Estado, a abolir a escravidão. O partido republicano – que à época era considerado liberal no sentido clássico do termo, e não no sentido que hoje o termo tem nos EUA – foi vanguarda na defesa da abolição da escravidão. As regiões do mundo em que a economia era mais livre e dinâmica foram as primeiras a abolir a escravidão.

Losurdo usa como exemplo um político americano dos séculos XVIII e XIX, John C. Calhoun. Afirma que ele, sendo uma espécie de diabo encarnado, defendia a escravidão e era tido como um símbolo pelos liberais. Bem, Losurdo deveria saber que não se julga pessoas pelos critérios do tempo atual, mas do seu tempo. Calhoun era um homem do seu tempo e, como todo político do Sul dos EUA, era favorável à escravidão – se não fosse, não teria sido eleito.

A questão é: de onde Losurdo tirou que Calhoun era "liberal"? Calhoun era um típico político sulista do anteguerra: culto (estudou em Yale), agrário, defensor do "direito dos Estados", filiado ao partido democrata e defensor da escravidão. Naturalmente, ele se opunha às políticas do Norte, que eram industrialistas, favoráveis a um livre comércio – como convém a uma economia industrial – e abolicionista. De novo, não entendemos como Calhoun pode ser classificado como um "liberal", ao menos no sentido que defendemos.

O liberalismo tem uma correlação muito grande com a liberdade individual, que pressupõe direitos humanos e cumprimento de contratos. De novo, quanto mais o liberalismo avançou, mais a escravidão retraiu. Sociedades mais atrasadas – como o citado Sul dos EUA, tão amado por Calhoun – tendem a ter uma organização econômica mais primitiva: agricultura, monocultura, forte organização estatal. Os liberais do século XIX – filiados ao partido republicano – lutaram contra os conservadores do século XIX – filiados ao partido democrata – para garantir uma sociedade sem escravos. Felizmente, ganharam.

Durante a Guerra Fria, o bloco ocidental afirmava que os direitos individuais (liberdade) deveriam ser efetivados primeiro e, depois, viriam os direitos sociais. O bloco oriental afirmava justamente o contrário. Fica claro que o socialismo não primava por direitos individuais.

Losurdo afirma que Calhoun compatibilizou duas crenças distintas: se definia como liberal e era escravocrata. O erro, no caso, foi de Calhoun, por não ter percebido que as duas crenças eram incompatíveis. Ocorre que não era um erro tão incomum no Século XIX. Todos nós somos frutos do nosso tempo e, no tempo de Calhoun, a escravidão ainda era um conceito aceitável – apesar de arduamente combatida pelos liberais.

Partindo do pressuposto de Losurdo, pode-se desqualificar todo o socialismo com base no stalinismo. Socialistas usam contrassensos do caso Calhoun para afirmar que o liberalismo é incongruente, o que nada mais é do que uma falácia informal conhecida como "generalização apressada (*haisty generalization*), em que a conclusão não é logicamente justificada por evidências suficientes. Também podemos classificar como falácia da conclusão sofismática.

A falácia funciona da seguinte forma:

X é A;   X é B;   Então, todo mundo que é A também é B.
Calhoun é liberal;   Calhoun é escravista;   Logo, todo liberal é escravista.

Losurdo é autor, dentre outros, de uma "contra-história" do liberalismo. Losurdo diz que Calhoun foi um liberal, sim, e não adianta negar. Ok, digamos que Calhoun foi liberal. E daí? Trata-se de uma incongruência de Calhoun, não da doutrina do liberalismo. Losurdo também afirma que, se Calhoun era liberal, não podemos mais qualificar o liberalismo como defesa da liberdade. Ok, mas o problema disto é que Losurdo errou e fez um silogismo a partir de premissas que não são logicamente sustentáveis. Se um argumento sustenta-se num bipé de pressupostos que resultam numa conclusão, o argumento de Losurdo é um Saci-Pererê com perna de Curupira.

Como era de se esperar, Losurdo volta suas baterias contra Adam Smith. O argumento é bem bobinho: "Adam Smith era um cara muito malvadão. Ele era contra a escravidão, mas não porque era bonzinho... é que ele achava que o trabalhador livre produzia mais". Uau! Que ideologia perversa essa que garante liberdade aos outros mesmo quando caricatamente reduzida ao egoísmo. Quer dizer então que, se ignorássemos toda a filosofia liberal, todas as justificativas morais de tudo o que acreditamos, e fôssemos todos frios, calculistas e egoístas, ainda assim defenderíamos a liberdade? Que absurdo considerar que grilhões, além de cruéis e desumanos, são péssimos para a economia. Nós, liberais, somos realmente pessoas horrendas.

Por fim, Losurdo diz que Inglaterra e EUA são os maiores liberais, mas também são os que mais se envolveram com a escravidão. Gostaria muito de ter acesso a este poderoso entorpecente, provavelmente ilícito, que Losurdo usa. A Inglaterra logo aboliu a escravidão e pressionou os outros países a fazerem o mesmo. Os EUA foram tão enfáticos na abolição da escravidão que chegaram a enfrentar uma guerra civil extremamente sangrenta para aboli-la. Outro ponto: a escravidão já existia desde a Idade Antiga; foi só com a consolidação do liberalismo na Idade Contemporânea que ela foi, em curto espaço de tempo, extinta.

É preciso desconstruir a imagem quase satânica criada em torno da ideologia liberal pelos seus detratores. O Estado Democrático de Direito, os direitos e garantias fundamentais, as declarações de direitos humanos, a preocupação com os mais pobres e tantos outros valores amplamente aceitos e difundidos no Ocidente são, em sua maior parte, conquistas de liberais, que foram vanguarda na luta contra monarquias absolutistas e na defesa da liberdade contra a escravidão. Dizer o contrário é ignorar a história apenas para demonizar ou desqualificar quem quer que pense diferente da esquerda.

17.
CRISE DE 1929 É PROVA DE QUE O CAPITALISMO NÃO FUNCIONA?

O capitalismo não funciona. Quem prova isso é a crise de 1929 e as outras crises periódicas. Em 1929, a ganância dos capitalistas malvadões gerou um movimento especulativo na bolsa de valores de Nova York, o que resultou numa quebra abrupta do mercado de ações. Por conta disso, tivemos quase uma década de pobreza e desemprego, até que Roosevelt, aplicando a fórmula da intervenção estatal, salvou todo mundo. O único país que escapou ileso foi a URSS, onde o bondoso Stalin cuidava do povo através da economia planejada.

Certo? Bom, é mais ou menos isso que aprendemos na escola. A crise de 1929 realmente existiu e foi terrível, mas há imensa discussão entre os economistas sobre as suas reais causas e suas soluções. De acordo com Milton Friedman, economista da Escola de Chicago e prêmio Nobel de Economia, tivemos crises periódicas desde o Século XIX, e tudo sempre voltou ao normal. O problema de 1929 é que o Estado tentou intervir rapidamente para salvar todo mundo – lembremos que a década de 1930 foi marcada por uma aversão à democracia liberal e pela idealização de governos fortes, muitas vezes com líderes populistas utilizando o descrédito nas instituições para seus projetos de poder autoritários. Friedman afirma que, se o Estado não tivesse intervido, tudo voltaria ao normal, como ocorreu nas crises anteriores.

Analisar os pontos específicos da crise de 1929 e suas consequências é tarefa altamente técnica e ainda hoje leva economistas e historiadores a acalorados debates, mas, em linhas muito gerais, podemos dizer que a solução do *New Deal* de Roosevelt foi aumentar a burocracia estatal e, através dela, fazer um grande programa de obras e criar uma rede de assistência social. As obras ajudam a revitalizar a economia, à medida que geram empregos e aumentam a produtividade, mas também levam a um aumento de impostos. Quanto à rede de proteção social, ela só funcionou porque no sistema demográfico da década de 1930, o número de jovens era bem maior do que o de idosos. O sistema se tornou atualmente inviável.

O problema do *New Deal*, porém, é que o aumento do Estado não traduziu maior produtividade na economia. Como sempre, é necessário aumentar a tributação para manter o Estado funcionando, o que tem um efeito ruim na recuperação econômica. Em um primeiro momento, a massa de desempregados se vê aliviada porque o governo passa a oferecer uma ajuda antes inexistente. As pessoas sentem-se mais seguras e amparadas contra a extrema pobreza. O problema é que, após esse período inicial, a economia não volta ao normal e as pessoas tornam-se dependentes crônicas do Estado.

Os EUA só voltaram ao tradicional dinamismo econômico com a Segunda Guerra, o que fez com que os gastos militares crescessem, levando a que o governo promovesse brutais cortes de gastos em outros setores. Após a guerra, foi impossível restaurar o *New Deal* e o Estado mais uma vez encolheu, dando lugar à iniciativa privada.

Some-se isso ao papel de liderança assumido pelos EUA com a vitória e, em pouco tempo, a economia americana estava de pé novamente. Enfim, a década de 1930 só prova que o estatismo nunca é a solução.

Voltemos a Friedman. Ora, Friedman deve ser um idiota. Ele não sabe que o capitalismo cria crises periódicas? E o que ele tem a dizer sobre a crise de 2008? Bem, de novo, a crise de 2008 teve o longo braço do Estado envolvido. O fato de o Estado ter dado incentivos errados gerou euforia e distorção, o que, combinado com o comportamento irresponsável de alguns bancos, gerou uma bolha. De novo, no fim das contas, a economia se recuperou.

O capitalismo não é um sistema perfeito, longe disso, mas é o que funciona. Jamais teremos um sistema perfeito porque vivemos num mundo imperfeito, feito por pessoas imperfeitas. Aliás, importante ressaltar que, durante a maior parte da história, a maioria dos seres humanos viveu na miséria, que é o estado natural do homem, e sob regimes autoritários. Como hoje vivemos em uma democracia relativamente consolidada e temos alguma – ainda que pouca – liberdade de mercado, vemos a liberdade e o pluralismo como coisas normais, desejáveis, algo que sempre tivemos e sempre teremos.

Perceba que, a partir da revolução industrial, com o advento do capitalismo, que, como bem definiu Ludwig von Mises, não é nada mais do que produção em massa para as massas – o que é sinônimo de democratização de bens de consumo, mais pessoas passam a ter acesso a produtos que antes eram exclusividade das elites ou sequer existiam –, a geração de riqueza dispara, aumentando também o PIB *per capita* de todos os países do mundo, traduzindo-se em diminuição drástica do número de pessoas vivendo em situação de extrema pobreza, como podemos ver nos gráficos a seguir.

Real GDP per capita around the world

(PPP adjusted), since 1000 – Max Roser[3]

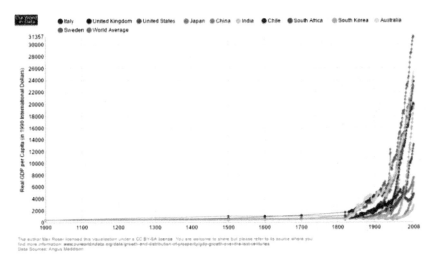

https://ourworldindata.org/grapher/gdp-per-capita-maddison-2020

World population living in extreme poverty, 1820-2015

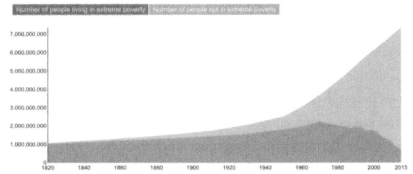

https://ourworldindata.org/grapher/world-population-in-extreme-poverty-absolute

Repare também que a pobreza está concentrada em países com pouca liberdade econômica, o que significa que o capitalismo e o liberalismo levam qualidade de vida às famílias mais pobres, diminuindo a desigualdade social. Por falar em desigualdade, é importante ressaltar que a desigualdade, assim como a miséria, é o estado de natureza do homem. Além de nascermos todos pelados sem nenhum tipo de bem, com o desafio de enfrentar a natureza selvagem que nos cercava, também nascemos com portes físicos, aptidões intelectuais e sociais diferentes uns dos outros, o que faz com que sejamos desiguais por natureza. Diferente do que teóricos socialistas adoram dizer, não é o capitalismo que produz desigualdade, é a humanidade em si que é desigual. É claro que, num sistema de livre mercado, haverá pessoas muito mais ricas do que as outras. Isso não significa que seja justo, moral ou correto que existam famílias que vivam em situação de pobreza ou extrema pobreza. Ao contrário da narrativa maniqueísta das esquerdas, os liberais não negligenciam os pobres. Pelo contrário: é a preocupação com os mais pobres que os faz defender o liberalismo, o sistema econômico que mais tirou pessoas da pobreza na história da humanidade. Pode até ser que futuramente surja um sistema melhor, mas, até hoje, foi o capitalismo que garantiu qualidade de vida para aqueles que antes só tinham sua própria força de trabalho o de sua prole – o proletariado.

Na maior parte das vezes, a intervenção do Estado no domínio econômico só gera distorções que, mesmo que ajudem no curto prazo, acabam favorecendo apenas os burocratas nos médio e longo prazos. Como nos ensinou o professor Friedrich Hayek, prêmio Nobel de Economia, a intervenção estatal na economia trata-se quase sempre de obter um benefício no curto prazo para pagar um sacrifício muito mais caro no médio-longo. Isso porque qualquer intervenção estatal gera uma distorção no sistema de preços, e distorções no sistema de preços fazem com que a oferta e a demanda sejam regidas por incentivos que, na realidade, foram artificialmente gerados pelo Estado, fazendo com que faltem produtos necessários à sociedade e/ou sobrem produtos supérfluos. Explico: sempre que o governo injeta liquidez, ou seja, joga dinheiro na economia, seja imprimindo dinheiro ou baixando artificialmente o preço do dinheiro – derrubando os juros –, ele gera um incentivo para que as pessoas gastem. Isso porque não vale a pena poupar dinheiro se a poupança não render nada – e aqui não estou falando apenas da poupança de banco, mas também de investimentos seguros, de renda fixa, por exemplo. Pior: ninguém vai querer guardar dinheiro se as coisas ficam mais caras a cada dia – inflação –, o que significa que colocar notas embaixo do colchão é sinônimo de perder dinheiro. Essa distorção gerada pelo governo faz com que as pessoas arrisquem mais e façam investimentos ruins – "*malinvestments*" –, empreendimentos que nunca seriam financiados em situações comuns porque o possível retorno não vale o risco.

Quer um exemplo prático disso? Tanto o governo Lula quanto o governo Dilma utilizaram dinheiro público para injetar liquidez no setor de transporte rodoviário. Liberaram crédito barato, subsidiado, para que as pessoas comprassem caminhões e, assim, houvesse um aquecimento no setor para superar um período de crise. O resultado? Centenas de milhares de pessoas que jamais comprariam o próprio caminhão aproveitaram a oportunidade para adquirir seus automóveis de carga, o que fez com que houvesse uma oferta absurda de serviço de frete no país. A conta explodiu durante o governo Temer, quando uma greve de caminhoneiros paralisou o país. Há muita gente para pouco serviço, muito caminhão para pouca entrega. Essa não foi uma distorção gerada naturalmente pelo mercado. Muitas famílias que entraram no programa jamais ousariam se endividar num empreendimento tão arriscado se o governo não tivesse baixado os juros na canetada para esses empréstimos. Quando a bolha explodiu, os caminhoneiros pediram ainda mais intervenção estatal via controle de preço de combustíveis e preço mínimo para frete. O governo Temer cedeu à pressão do tabelamento do frete e isso causou mais uma distorção nefasta no mercado: o preço do serviço, apesar de a oferta ser abundante, estava caro demais. Grandes empresas pararam de contratar caminhoneiros autônomos e passaram a utilizar caminhões próprios para fazer suas entregas, afinal, se é a própria empresa que realiza a entrega, não há prestação de serviço de uma empresa ou de um indivíduo para outra empresa, o que significa que não há tabelamento de frete. Os autônomos acabaram saindo extremamente prejudicados em razão de uma demanda pela qual eles mesmos haviam lutado.

O contrário também pode acontecer. Em vez de desvalorizar a moeda, o governo pode subir as taxas de juros artificialmente e, assim, desincentivar investimentos que ocorreriam caso o preço do dinheiro estivesse de acordo com o mercado. Se o governo paga muito pelo dinheiro que pega emprestado, vale mais a pena emprestar para o governo, já que o risco de calote é relativamente baixo e os lucros são altos. Importante ressaltar que, durante os governos petistas, tivemos os juros mais altos da história. Isso significa que grandes banqueiros tinham lucros exorbitantes sem precisar correr risco. Bastava emprestar dinheiro para o governo e deixar o pagador de impostos pagar os juros. O "bolsa banqueiro" saiu muito mais caro para os cofres públicos do que o Bolsa Família, por exemplo.

Esse é um dos elementos que exterminam a narrativa petista de que eles estavam preocupados com os mais pobres.

Retomando: com juros altos, vale a pena guardar dinheiro. Se vale a pena guardar dinheiro, não vale a pena correr risco, ou seja, investir. Isso significa que a geração de emprego e renda fica estagnada, pois as empresas que abririam ou que expandiriam seus negócios em condições normais preferem guardar dinheiro em caixa, porque o lucro obtido com o dinheiro parado vale mais a pena do que o risco de expandir seus mercados. Seja incentivando maus investimentos ou desincentivando bons investimentos, interferência estatal, em regra, acaba em crise.

Ainda tratando sobre a crise americana, é comum vermos em livros de história a firmação de que a crise de 1929 foi causada pelo liberalismo, que a URSS não sofreu suas consequências por conta da economia socialista e que a situação só se resolveu quando o Estado voltou a intervir na economia americana. Bem, quanto a isso, quero dizer uma coisa: eu preferiria viver nos EUA no auge da crise de 1929 do que na URSS, em qualquer momento, em especial durante o totalitarismo de Stalin. Eu garanto que a vida nos EUA durante a crise, por maiores que fossem suas dificuldades, era melhor do que a vida na URSS de Stalin.

O bloco socialista não teve crises periódicas, é verdade. A crise era permanente. Durante todo o tempo, faltavam comida e bens básicos, mas sobrava autoritarismo. No bloco ocidental, por piores que fossem os problemas, todos sabiam que as crises passavam. Em 2008, no auge da crise do *subprime*, você realmente acreditou que ia passar fome? Que a economia ia quebrar e nunca mais se recuperar? Não, você nunca acreditou nisso. Assim como você não acreditou que a vida na URSS da década de 1930 era linda enquanto os EUA passavam fome.

Em suma, a história nos ensina que, na melhor das hipóteses, a intervenção estatal atrasa a recuperação da economia; na pior, gera crises. No caso do socialismo, a crise é permanente.

Referências

BNDES – Banco Nacional do Desenvolvimento. "Presidente Lula anuncia no BNDES novo programa para financiar compra de caminhões". *Portal BNDES*. 9 jun. 2006. Disponível em: <https://www.bndes.gov.br/wps/portal/site/home/imprensa/noticias/conteudo/20060609_not097_06>. Acesso em: 04 ago. 2021.

FRIEDMAN, Milton; FRIEDMAN, Rose. *Livre para Escolher*: Um depoimento pessoal. 10ª ed. Rio de Janeiro: Record, 2015.

HAYEK, Friedrich von. *O caminho da servidão*. 6ª ed. São Paulo: LVM Editora, 2010.

KASTNER, Tássia. "Caixa repete governo PT e reforça linha de compra de caminhões". *Folha de São Paulo*. 16 abr. 2019. Disponível em: <https://www1.folha.uol.com.br/mercado/2019/04/caixa-repete-governo-pt-e-reforca-linha-de-compra-de-caminhoes.shtml>. Acesso em: 04 ago. 2021.

MISES, Ludwig von. *As Seis Lições*. 9ª ed. s São Paulo: LVM Editora, 2018.

"Economic Freedom of the World in 2014". Fraser Institute, 2016. Disponível em: <https://www.cato.org/sites/cato.org/files/pubs/efw/efw2016/efw-2016-chapter-1.pdf>. Acesso em: 04 ago. 2021.

18.

O FRACASSO MONUMENTAL DA REVOLUÇÃO FRANCESA

Em um primeiro momento, todos são simpáticos à Revolução Francesa. Afinal, estávamos no fim do Século XVIII e o absolutismo era um sistema velho, incapaz de dar conta das demandas da sociedade e se mostrava cada vez mais injusto. E quem quer ser regido por um rei absolutista, não é mesmo? O absolutismo nos parece inerentemente injusto, e revoltar-se contra ele é algo natural. Afinal, por que o povo de um país deveria se submeter à tirania e ao arbítrio?

O leitor pode chocar-se, mas muitos conservadores não gostam da Revolução Francesa. Eles, na verdade, têm-na como um exemplo do que não deve ser feito em política. Isso significa, portanto, que eles defendem o absolutismo?

Bom, vamos por partes: o absolutismo teve seu papel em um passado distante, quando surge o Estado-nação. Havia-se criado condições para uma expansão comercial (exércitos nacionais, unificação de sistema de pesos e medidas, criação de moedas, garantia jurídica etc.) e para a existência do clero, ao garantir uma religião nacional. Era um bom sistema? Claro que não. Respeitava direitos humanos e valores democráticos que valorizamos hoje em dia? Também não. Apesar de tudo isso, era melhor do que a pura e simples lei do mais forte que vigorava anteriormente? Sim. Ainda assim, sem dúvida, no século XVIII, o sistema já havia chegado ao seu limite. Tivemos bons governantes e maus governantes, mas a população aprendeu a lição de que ter um mau governante com poderes absolutos, ainda que de vez em quando houvesse bons governantes, não valia a pena. A crescente noção de direitos humanos e a igualdade entre os homens também ganhava força, derrubando as teses do poder com base no sangue, nas posses ou no divino. As injustiças perpetuadas pelos privilégios da nobreza e da monarquia também não contribuíam para a manutenção do regime, ainda mais quando um forte período de crise abalava a França. Era preciso mudar o regime. Até aí, tudo bem.

Ocorre que a Revolução Francesa não se contenta em pôr fim ao antigo regime. Ela dá dois passos além: legitima a violência como *modus operandi* da transição e pretende mudar toda a sociedade de cima para baixo. A Revolução Francesa não pretende apenas substituir um sistema de governo por outro. Ela pretende redimir o homem, criar um novo homem. Ela cria a ideia da política como redenção e esperança, colocando a política em um lugar outrora ocupado pela religião.

Assim, a Revolução Francesa:

1. Pretende acabar com o cristianismo e criar uma religião laica, que cultua o "ser supremo" – e algumas vezes tende ao ateísmo. Há perseguição religiosa contra o cristianismo. Subordina-se o clero ao poder civil ("constituição civil do clero");

2. Muda o calendário gregoriano, "resetando" o calendário a partir do primeiro ano da Revolução, logo, equiparando-a ao nascimento de Jesus, reforçando a tese da substituição da religião pela política, do uso da política como instrumento de redenção;
3. Inaugura a ideia de "terror revolucionário", usando a violência e as execuções como forma de fazer política.

É claro que estamos resumindo as coisas aqui. A Revolução Francesa teve várias fases e muitos personagens. Mas, em linhas gerais, estes três fatores estão presentes. Aqui temos um ponto interessante: ela não foi totalitária – mesmo porque o conceito de totalitarismo é do século XX –, mas foi protototalitária. Ela tem mais relação com a Revolução Russa de 1917, do que com a Revolução Gloriosa (inglesa) do século XVII.

A comparação com a Revolução Gloriosa é imprescindível. Os ingleses colocaram fim ao absolutismo e fizeram as reformas necessárias sem querer fundar outra sociedade, perfeita, definitiva. O resultado da Revolução Francesa foi uma tremenda instabilidade. De 1791 até 1804, a França teve seis Constituições, passou por inúmeras lideranças – geralmente a nova liderança perseguia a antiga – e terminou com um... Imperador! Sim, refiro-me à figura bizarra de Napoleão Bonaparte. Ele queria defender a Revolução e exportá-la aos demais países. De certa forma, Bonaparte personifica a Revolução Francesa: ele é contraditório, um imperador surgido de uma revolução antiabsolutista, extremamente autoritário, violento, insensível, protototalitário.

Enquanto isso, a Inglaterra se livra do absolutismo no século XVII sem necessidade de matança, tribunais revolucionários ou da tentativa de instaurar uma nova ordem social. Isso justifica a antipatia dos conservadores pela Revolução Francesa. Burke, o famoso filósofo e político conservador – muitos o consideram inclusive o fundador do conservadorismo –, afirma que a revolução gloriosa teve como objetivo preservar as antigas liberdades inglesas, herdadas dos primeiros ingleses, enquanto a Revolução Francesa está fadada a ser um banho de sangue. Ele explicou que a Revolução Francesa estava interessada em dominar todos os aspectos da vida, incluindo cultura, economia, religião, família... A explicação de Burke é vista como a primeira explicação do que seria um totalitarismo.

Uma das minhas frases preferidas do Barão de Montesquieu retrata bem – apesar de, no contexto "Do Espírito das Leis", não ter esse objetivo, mesmo porque o livro é anterior à revolução – a crítica conservadora à Revolução Francesa: "Vejo os antigos abusos, vejo sua correção. E vejo também os abusos da própria correção".

É exatamente essa a essência da diferença entre conservadores e revolucionários. Revolucionários acreditam em mudanças drásticas, rupturas institucionais, da política como solução para todos os males do mundo, no poder como fonte de esperança. Conservadores acreditam em mudanças graduais, dentro das regras do jogo, veem a política como instrumento necessário para a resolução de boa parte, mas não de todos, os conflitos e angústias da sociedade e enxergam o poder com ceticismo, mantendo sempre acesa a chama de alerta de que quanto maior o poder concentrado nas mãos de poucos homens, maiores os males que esses homens podem causar.

A definição clássica traz a analogia de uma casa que precisa de reparos. O revolucionário põe fogo na casa, ficando sem ter onde morar enquanto constrói uma nova e correndo o risco de, ao esquecer-se das falhas estruturais da casa destruída, repetir os erros na construção dos alicerces da nova residência. O conservador defende que a casa passe por reformas graduais: uma martelada aqui, uma substituição de janela ali, tudo enquanto observa-se atentamente quais foram os principais problemas que levaram a casa a chegar àquele estado. O revolucionário, aliás, acredita não apenas que a casa deve mudar completamente, mas que o próprio habitante da casa deve ser reformado, como se fosse possível mudar a natureza humana, criar um novo homem, ou, ainda, como se a casa antiga fosse inteiramente responsável pelo comportamento nefasto dos antigos moradores, sem que eles mesmos tivessem grande responsabilidade sobre o que aconteceu.

Resumindo: nós, que acreditamos em saídas institucionais e num pacto intergeracional, nós conservadores – e nesse sentido não há nenhuma contradição em se dizer conservador e liberal ao mesmo tempo, pois aqui conservador, por assim dizer, refere-se à forma, e liberal ao conteúdo – criticamos o terror da Revolução Francesa porque ela cometeu abusos tão grandes ou até maiores que a monarquia absolutista – lembrando que, ao final, até Robespierre foi mandado para a guilhotina – e culminou não num novo regime, mas na repetição de antigos abusos, só que sob a forma de um novo líder absolutista, Napoleão Bonaparte.

Burke ataca Rousseau e o conceito de "contrato social". Para Burke, a sociedade é um contrato, mas envolve vivos, mortos e os que ainda vão nascer. Este é o cerne do conservadorismo. Respeitar o legado do passado construindo, no presente, um futuro para aqueles que ainda estão por vir.

Termino com uma frase de Burke:

All the pleasing illusions, which made power gentle, and obedience liberal, which harmonized the different shades of life, and which, by a bland assimilation, incorporated into politics the sentiments which beautify and soften private society, are to be dissolved by this new conquering empire of light and reason. All the decent drapery of life is to be rudely torn off.(*)

(*) Todas as ilusões agradáveis, que tornavam o poder brando e a obediência liberal, que harmonizavam os diferentes matizes da vida e que, por uma assimilação branda, incorporavam à política os sentimentos que embelezavam e suavizavam a sociedade privada, devem ser dissolvidas por este novo império conquistador de luz e razão. Todas as cortinas decentes da vida devem ser rudemente arrancadas.

19.
NÃO É O MACHISMO QUE FAZ JOGADORAS DE FUTEBOL MULHERES GANHAREM MENOS DO QUE JOGADORES HOMENS

Nesses tempos estranhos, é sempre bom reforçar o que deveria ser óbvio. Vamos lá: os homens e as mulheres são iguais perante a lei. Ambos podem estudar, trabalhar, se desenvolver, ocupar cargos etc. E disputar esportes.

Homens e mulheres, no entanto, não são iguais. São biologicamente diferentes – outra obviedade, não? É por esse motivo que, nos esportes, eles competem em times e campeonatos segregados. Intelectualmente não há diferença, motivo pelo qual nas atividades que não envolvem o físico, não deve haver diferenciação alguma.

Dito o óbvio, vamos à polêmica: jogadoras de futebol feminino ganham bem menos do que jogadores de futebol masculino. Por quê? Não sei, mas creio que tem relação com o retorno que os jogadores dão aos patrocinadores, que é certamente superior ao retorno dado pelas jogadoras. Explico: o futebol masculino tem mais audiência, logo, tem mais patrocínio. Empresas pagam mais para anunciar em locais em que sua marca terá visibilidade e o futebol masculino é visto por muitos. O futebol feminino não tem tanta audiência; logo, empresas pagam menos, há menos dinheiro circulando e os salários são menores.

Simples, certo? Bem, não se você for um esquerdista fanático pela questão identitária. Nesse caso, as jogadoras ganham menos do que os jogadores porque há um "patriarcado", ou seja, uma forma de dominação das mulheres pelos homens, que contamina toda a nossa sociedade. As relações entre homens e mulheres ocorrem sob a mesma regra das relações entre escravos e senhores. Há antagonismo, submissão, ódio, rancor e é preciso união contra os opressores.

É claro que se você vive no mundo real, e não numa bolha identitária, já sacou que nada disso é real. Se o futebol feminino passar a dar mais audiência que o masculino, os salários sobem. Simples assim.

Vamos a um exemplo real. Marta ganha € 340 mil por temporada (R$1,9 milhão), enquanto Neymar, por exemplo, recebe € 30 milhões por ano (R$ 180 milhões). Muitos têm apontado para o machismo o fato de Marta ter um salário tão inferior ao de Neymar. O fato é que, por mais que pratiquem o mesmo esporte, exercem funções completamente diferentes e em mercados diferentes. Neymar hoje é garoto-propaganda do time que defende e das marcas para as quais empresta sua imagem. Ele vende mais ingressos, mais camisas e produtos, tudo isso explica a sua remuneração. É algo bem mais complexo do que apenas "jogar bola".

Essa relação é tanto mercadológica, quanto a que podemos ver nas passarelas. Não vejo ninguém defendendo a igualdade salarial para modelos. A modelo mais bem paga do mundo é a brasileira Gisele Bündchen, que, segundo a revista Forbes, recebe cerca de US$ 47 milhões por ano (tendo como referência 2013-14). Já o homem mais bem pago – Sean O'Pry – fez apenas US$1,5 milhão no ano de 2013.

Podemos dizer que há um "matriarcado" cuja mão dura faz-se ver no mercado de moda? Não. O fato é que o mercado feminino de moda consome mais, o que possibilita que os *"players"* desse mercado recebam mais, pois geram mais valor para um maior número de pessoas. No futebol feminino brasileiro é gerado um valor de entretenimento que pode até ser igual, mas para menos pessoas, em relação ao futebol masculino.

O exemplo da Copa do Mundo deixa claro: a remuneração depende da receita gerada. A receita gerada pelo futebol masculino é maior, logo, a remuneração dos jogadores será maior. Querer equiparar os salários apenas por ser o mesmo esporte é um erro metodológico.

Outro erro é o de comparar mercados em estados de maturidade diferentes. Há 40 anos, o futebol feminino ainda era proibido no país. De lá pra cá, ele se tornou legal e começou a evoluir. Querer comparar isso com o mercado masculino, que tem uma tradição centenária, não faz o menor sentido. Leva um tempo para o mercado maturar, o público aderir à ideia e patrocinadores se interessarem.

Amadurecer o mercado é questão de tempo. Tentar impor essa mudança na canetada é pedir para desincentivar o desenvolvimento do esporte feminino, inviabilizando competições que podem, inclusive, acabar entrando na clandestinidade, caso imponham que, por exemplo, os prêmios dos campeonatos têm que ser iguais para ambas as modalidades.

Na década de 1980, o jogador mais bem pago do Brasil era Sócrates, com um salário atualizado de R$ 115 mil por mês. Em 2013, Neymar recebia aproximadamente R$ 1,5 milhão mensais jogando pelo Santos. Da década de 1980 para cá, o mercado que envolve o futebol masculino mudou muito, houve uma profissionalização maior, maior interesse de patrocinadores, televisões, advento do *pay per view* etc. O mercado amadureceu. O mercado do futebol feminino ainda engatinha, daí a insensatez da comparação.

Com a melhora constante do mercado de futebol feminino – que já está em curso –, os números também crescerão. É normal, inevitável e desejável. E é uma explicação muito mais lógica do que acreditar numa conspiração de homens brancos héteros e cis.

Referências

ANTUNES, Anderson. "How Gisele Bundchen Earned $386 Million Throughout Her Career -- And Scored A Spot At Sunday's World Cup Final". *Forbes*. 10 jul. 2014. Disponível em: <https://www.forbes.com/sites/andersonantunes/2014/07/10/how-gisele-bundchen-earned-386--million-throughout-her-career-and-scored-a-spot-at-sundays-world-cup--final/?sh=693a771c47cb>. Acesso em: 04 ago. 2021.

BARBOSA, Danielle. "Do Santos ao PSG: confira a evolução salarial de Neymar ao longo da carreira". *Torcedores.com*. 07 mar. 2019. Disponível em: <https://www.torcedores.com/noticias/2019/03/do-santos-ao-psg-confira-evolucao--salarial-de-neymar-ao-longo-da-carreira>. Acesso em: 04 ago. 2021.

ESPN. "Marta é só a quinta jogadora mais bem paga do mundo, revela revista; veja top 5". *ESPN*. 01 abr. 2019. Disponível em: <https://www.espn.com.br/espnw/artigo/_/id/5451864/marta-e-so-a-quinta-jogadora-mais-bem-paga--do-mundo-revela-revista-veja-top-5>. Acesso em: 04 ago. 2021.

FORBES. "The World's Highest-Paid Male Models Of 2013". *Forbes*. 08 out. 2013. Disponível em: <https://www.forbes.com/pictures/eimi45mlh/no-1-sean-opry-1-5m/?sh=281b97bd6309>. Acesso em: 04 ago. 2021.

PRETOT, Julien. "Neymar renova contrato com o Paris Saint-Germain até 2025". *Agência Brasil*. Paris, 08 mai. 2021. Disponível em: <https://agenciabrasil.ebc.com.br/esportes/noticia/2021-05/neymar-renova-contrato-com-o-paris--saint-germain-ate-2025>. Acesso em: 04 ago. 2021.

WIDNEYSANT94. "Saiba quanto ganhavam os jogadores dos anos 80". *O futebol News real*. Blog Tudo Sobre o Mundo da Bola. 16 jun. 2020. Disponível em: <https://ofutebolnewsreal.wordpress.com/2020/06/16/saiba-quanto-ganhavam-os-jogadores-dos-anos-80/#:~:text=Se%20S%C3%B3crates%20levava%20R%24%20115,ganhar%20o%20Mundial%20de%201986>. Acesso em: 04 ago. 2021.

20.
A PROVA CABAL DE QUE LULA NÃO ACREDITA NO PRÓPRIO DISCURSO

Lula é um conservador na economia, adepto de políticas ortodoxas. Chocado? Não fique. A ortodoxia econômica funciona, permitindo que um país cresça de forma estável. O que o PT fez foi usar a ortodoxia econômica quando necessário – para manter o país sob controle e evitar que a economia colapse em seus governos – e a heterodoxia quando enfrentaram momentos de impopularidade ou às vésperas de eleição – governo Dilma. Quando na oposição, sempre são heterodoxos, porque é muito mais fácil defender a irresponsabilidade com os gastos públicos, o populismo fiscal e a demagogia orçamentária quando se está fora do governo.

Vamos analisar a política econômica do governo Lula. Primeiramente, ainda na campanha de 2002, Lula divulgou a "carta aos brasileiros", em que prometia manter o tripé macroeconômico do governo FHC, deixando parte do PT em choque. Em 11 de fevereiro de 2003, logo ao assumir, Lula anunciou um corte de R$ 14 bilhões, em especial para estatais. O governo Lula promoveu prorrogação da Desvinculação de Receitas da União (DRU) em sua reforma tributária em 2003 por mais quatro anos. O então presidente Lula chegou a pedir apoio do PSDB para aprovação do texto.

Sempre que nós liberais defendemos a desvinculação de receitas, ou seja, que o gestor público tenha liberdade para administrar o dinheiro de impostos cortando o que achar supérfluo e investindo no que considerar prioridade, as esquerdas, lideradas pelo PT, berram contra um suposto sucateamento da saúde e da educação. É fácil defender que haja um investimento mínimo obrigatório em saúde e educação, parece até razoável. O problema é que estabelecer um número arbitrário, obrigando todos os milhares de municípios e dezenas de estados a executar seu orçamento da mesma maneira, ignorando completamente as realidades locais, faz com que os investimentos sofram distorções que são péssimas para os usuários de serviço público. Uma cidade pode possuir um sistema de educação pública robusto e precisar de mais investimentos em saúde ou vice-versa. O prefeito não tem autonomia para priorizar os gastos nas áreas mais necessárias justamente porque a Constituição engessa os gastos. Daí, o sujeito precisa inventar um gasto supérfluo em determinado setor para não cometer improbidade administrativa e crime de responsabilidade. Um exemplo que eu mesmo já vi foi o caso de um prefeito que trocava todos os computadores das escolas municipais todos os anos para bater o piso de gastos em educação. Isso, enquanto assistia impotente a uma realidade dramática de postos de saúde que sequer tinham gaze para atender seus pacientes.

A hipocrisia está no fato de o PT ter promovido justamente isso, a desvinculação de receitas, quando ascendeu ao poder. Ainda pediu ajuda do PSDB e do PFL para isso. Mais: Lula abriu mão de criar o imposto sobre grandes fortunas em troca de aprovar uma reforma tributária que contasse com desvinculação de receitas e com a CPMF. Taxar os mais ricos não é prioridade? Nunca foi, caro leitor. Apenas discurso.

Um outro ponto em que o governo Lula foi ortodoxo foi a previdência. As mudanças na previdência do setor público sempre enfrentaram resistências – inclusive do PT, quando oposição – no Congresso Nacional. Caso emblemático ocorreu no governo FHC, quando uma reforma previdenciária não foi aprovada por causa de apenas um voto. As mudanças no regime geral realizadas no governo FHC foram consideradas satisfatórias, e o governo Lula concentrou o foco de sua reforma da previdência no setor público. O governo calcula que a economia gerada pela reforma nos próximos 20 anos será de R$ 60 bilhões, dos quais R$ 47 bilhões virão da União e R$ 13 bilhões dos estados e municípios. Aliás, essa reforma foi o estopim para uma revolta dentro do PT que gerou sua dissidência mais barulhenta: o PSOL. Vejam só, o PSOL surge justamente quando Lula abandona o discurso socialista e chama liberais, como Henrique Meirelles, para compor seu governo. Reforma previdenciária não era coisa de quem queria fazer o mais pobre trabalhar até morrer e precarizar o serviço público? Pois bem, o PT foi vanguarda na promoção de ajustes no nosso sistema previdenciário. Irônico, não?

Lula também sancionou a lei da parceria público-privada, que permite que a iniciativa privada faça obras e explore um serviço público por longo período antes que ele volte ao Estado. Aliás, em razão da citada lei, os governos petistas promoveram mais concessões de PPPs no setor de infraestrutura que o governo Fernando Henrique. O discurso de que o Estado deve gerar emprego e renda e ser protagonista do desenvolvimento econômico deu lugar ao pragmatismo: Lula sabia que a iniciativa privada era muito mais competente para tocar grandes obras de infraestrutura do que o governo.

Recentemente, em conversa com colegas petistas de parlamento, escutei a seguinte frase: "meu amigo, Lula vai chamar tudo que é liberal pra fazer programa econômico e campanha. Ele não está aí pra fazer discurso, não, isso deixa que a gente toca daqui. O negócio é ganhar eleição". É esse oportunismo que fez Lula sempre ser pragmático e deixar o socialismo para o discurso, adotando a máxima de que o poder é como um violino, você pega com a esquerda, mas toca com a direita.

Aqui fiz um recorte evidenciando que Lula nunca foi um sujeito ideológico, alguém que ingressou na política para defender o que acredita. É o contrário: ele não acredita em nada. Quer o poder pelo poder. Se para alcançar o poder tiver que fazer alianças com a Faria Lima, acalmar meia dúzia de banqueiros e adotar uma equipe econômica liberal, é isso que ele vai fazer. Mais do que isso: apesar de certo choro e de um ranger de dentes interno, o PT irá segui-lo, porque coloca seu projeto de poder acima de seus ideais.

As medidas às quais dei relevo não mostram que Lula fez um governo liberal. Pelo contrário. Mostram que ele adotou certas medidas liberais para manter a moeda forte, o orçamento relativamente equilibrado e o país de pé. Apesar disso, esse liberalismo de ocasião não passou de instrumento para que, em momentos de crise de popularidade – como durante o Mensalão, a crise de 2008, os protestos de 2013 e as eleições de 2014 – o PT chutasse o pau da barraca adotando medidas populistas de estouro de gastos para geração de empregos no curto prazo, como foram os Programas de Aceleração Crescimento (PACs); aumentos de salário para as poderosas corporações públicas de Brasília; inflação como método de aumentar gastos públicos sem cortar na carne nem aumentar tributos; ou ainda a realização de eventos com obras faraônicas superfaturadas, como a Copa e as Olimpíadas.

Em 2020, o PT lançou um documento voltado à sua militância mais radical, retomando algumas das raízes socialistas do partido. Nele, defendia-se o fim da Emenda 95 e da Lei de Responsabilidade Fiscal, bem como a ideia – bastante tosca – de que podíamos criar déficit orçamentário à vontade, porque sempre podemos imprimir mais dinheiro – isso porque Lula já chegou até a dizer que arrependeu-se de fazer oposição ao Plano Real.

Lula, no fundo, sabe que o que funciona mesmo é o liberalismo. Lamentável para o país fato de que, para ele e para o PT, ideologias não passam de instrumentos para ascender ao poder.

Referências

TERRA. "Reforma da Previdência é a primeira grande vitória de Lula". *Terra*. 11 dez. 2003. Disponível em: <https://www.terra.com.br/economia/reforma-da-previdencia-e-a-primeira-grande-vitoria-de-lula,caf9bb6b4572d3bc5d8bb41926e163fflr91owco.html>. Acesso em: 04 ago. 2021.

21.
A "DÍVIDA HISTÓRICA" QUE A ESQUERDA PREFERE IGNORAR

O debate sobre cotas raciais e ações afirmativas sempre acaba descambando para uma discussão sobre a existência ou não de uma dívida histórica da sociedade, principalmente, com os negros. Violando um dos princípios mais básicos e civilizatórios do direito penal, a esquerda pós-moderna busca transferir a culpa de crimes cometidos no passado para os descendentes dos autores desses crimes, como num conhecido passado sombrio em que um pai poderia ser punido por meio da tortura ou morte de algum de seus filhos. Apesar disso, há uma injustiça histórica que é convenientemente ignorada pelas esquerdas por ter sido perpetrada por alguns de seus maiores ícones.

O senador Luiz Carlos Prestes, aquele mesmo, o comunista da Coluna Prestes, fechou questão – ou seja, obrigou todos seus colegas de partido a votarem – a favor da emenda 3.165 da Assembleia Constituinte de 1946, de autoria do médico, empresário ligado à extração do sal e deputado carioca Miguel Couto Filho, do Partido Social Democrático. Prestes liderava a bancada do Partido Comunista Brasileiro, o Partidão, composta por 14 parlamentares – ela teve

15 por três meses, com a interinidade de um suplente –, entre eles: Jorge Amado, eleito pelos paulistas, Carlos Marighela, pelos baianos, João Amazonas – o mais votado do país, escolha de 18.379 eleitores –, do Rio e o sindicalista Claudino Silva, único constituinte negro, também eleito pelo Rio. A emenda 3.165 da Assembleia Nacional Constituinte de 1946 dizia: "É proibida a entrada no país de imigrantes japoneses de qualquer idade e de qualquer procedência". Felizmente, foi negada, mas apenas por um voto, repito, um único voto.

Serei justo. Esse preconceito e discriminação, apesar de fortemente defendido por lideranças históricas das esquerdas, não surgiu delas. A implicância já vinha de antes. Vejamos o Decreto nº 528, de 28 de junho de 1890, que proibia a imigração japonesa para o Brasil:

> Art. 1º É inteiramente livre a entrada, nos portos da Republica, dos indivíduos válidos e aptos para o trabalho, que não se acharem sujeitos á acção criminal do seu paiz, exceptuados os indígenas da Asia, ou da Africa que sómente mediante autorização do Congresso Nacional poderão ser admittidos de accordo com as condições que forem então estipuladas.

Jornais de grande circulação e acadêmicos respeitados chegaram a abertamente criticar o chamado "perigo amarelo". A tese era de que a população brasileira deveria ter sangue europeu, e que a imigração asiática atrapalhava esse processo de "branqueamento" da população. Além disso, asiáticos eram vistos por brasileiros como raça inferior. O preconceito e discriminação foram potencializados pelo fato de que os costumes e a religião seguida por povos asiáticos eram muito distintos da sociedade ocidental.

Parece bizarro pensar numa coisa dessas hoje em dia, mas era algo tão aceito na época que um deputado chamado Fidélis Reis apresentou, em 22 de outubro de 1923, um projeto de lei que regulamentava a entrada de imigrantes, contendo um artigo que dizia o seguinte: "É proibida a entrada de colonos da raça preta no Brasil e, quanto ao amarelo, será ela permitida, anualmente, em número correspondente a 5% dos indivíduos existentes no Brasil."

Durante o governo de Getúlio Vargas, ditador que se tornou ídolo das esquerdas brasileiras, a repressão, a discriminação e o preconceito contra o povo japonês atingiram seu ápice. Famílias de imigrantes japoneses eram saqueadas, por vezes seus bens eram até destruídos. Além de sofrer com o escárnio por parte da população, mercadorias de comerciantes imigrantes eram destruídas e comércios incendiados.

A perseguição getulista foi dura. Jornais e escolas nipo-brasileiras foram fechadas, imigrantes foram expulsos de suas casas, aparelhos de rádio foram apreendidos, houve proibição de que eles dirigissem veículos automotores e impôs-se a necessidade de salvo-conduto concedido por autoridades estatais para circular em território nacional. Houve até confisco de bens de empresas nipo-brasileiras, com nomeação de interventores para fazer sua administração. Um dos casos mais emblemáticos foi o do Banco América do Sul, fundamental para os *nikkeis* na época, que sofreu intervenção por parte do Banco do Brasil. A estatal nomeou funcionários sem ascendência nipônica para assumir as funções de empregados imigrantes, todos demitidos.

Pode-se argumentar de que todas essas perseguições, embora claramente abjetas e reprováveis, foram fruto da Segunda Guerra Mundial e que, apesar dos abusos, a natureza das medidas era proteger a segurança nacional. Pois bem, nunca houve provas de nenhuma participação da comunidade *Nikkei* em atividades de sabotagem ou espionagem contra o Brasil. Mais: a repressão da ditadura de Vargas contra os nipo-brasileiros era mais pesada do que contra os imigrantes italianos ou alemães. O racismo promovido pelo governo utilizava a guerra como pretexto, mas sua essência era claramente preconceituosa. Japoneses residentes em Tome-Açu, no Pará, chegaram a ser enviados para campos de concentração(!). Segundo o escritor Roney Cytrynowicz:

> a opressão contra os imigrantes japoneses, diferente do que ocorreu com italianos e alemães em São Paulo, deixa claro que o Estado Novo moveu contra eles – a pretexto de acusação de sabotagem – uma campanha racista em larga escala.

Passado o terror do Estado Novo, a discriminação e o preconceito continuaram. O decreto-lei nº 7.967 de 1945, que regulava a política imigratória, previa que o ingresso de imigrantes no Brasil deveria considerar "a necessidade de preservar e desenvolver, na composição étnica da população, as características mais convenientes da sua ascendência europeia".

Foi nesse contexto que os comunistas contribuíram para a preservação de uma mentalidade racista, xenófoba e eugenista. Na Constituinte de 1946 – atenção! Estamos falando de apenas cerca de 75 anos atrás –, o deputado Miguel Couto Filho, autor do livro "Para o futuro da pátria – evitemos a "niponização" do Brasil", apresentou a emenda número 3.165, que citei no início do artigo, e que era muito simples, autoexplicativa: "proibida a entrada no país de imigrantes japoneses de qualquer idade e de qualquer procedência".

O senador comunista Luiz Carlos Prestes fez o PCB fechar questão e votar integralmente a favor da emenda. Na votação final, houve empate de 99 votos a favor e 99 votos contra, ou seja, os comunistas foram fundamentais para que a votação dessa emenda fosse levada em frente. Graças ao voto de minerva exercido pelo senador Fernando Viana de Melo, a emenda foi rejeitada.

Pergunte a opinião de qualquer esquerdista sobre Luís Carlos Prestes ou Getúlio Vargas. A palavra racista jamais aparecerá em seus depoimentos. Isso porque eles promovem uma imagem romântica dessas figuras nefastas para sustentar o discurso de que são monopolistas da virtude, de que historicamente as esquerdas são formadas por gente tolerante, democrática, gente do bem. Nada mais falso. Se aceitarmos o conceito de "dívida histórica", não há dívida mais recente do que aquela referente às injustiças cometidas contra nipo-brasileiros. Pode parecer absurdo ou até engraçado, dado o nível de respeitabilidade e apreço que a comunidade *Nikkei* conquistou dentro da sociedade brasileira, mas há menos de séculos estávamos colocando imigrantes em campos de concentração e discutindo seu banimento.

Apesar desses fatos históricos que chocam qualquer pessoa minimamente decente, você não verá nenhum integrante das esquerdas levando essa contextualização para o debate público. Ouso dizer até que a maioria dos esquerdistas que defendem Vargas e Prestes sequer conhecem essa história. Adotam um discurso personalista sem ao menos conhecer a personalidade que veneram. Lembre-se disso em todo debate que participar sobre dívida histórica ou ações afirmativas: a indignação das esquerdas é seletiva e, quando lhes interessa, injustiças históricas são simplesmente apagadas do debate público.

Referências

CPDOC – Centro de Pesquisa e Documentação de História Contemporânea do Brasil. *Assembléia Nacional Constituinte de 1946*. FGV. Disponível em: <http://www.fgv.br/cpdoc/acervo/dicionarios/verbete-tematico/assembleia-nacional-constituinte-de-1946>. Acesso em: 04 ago. 2021.

CPDOC – Centro de Pesquisa e Documentação de História Contemporânea do Brasil. *Coluna Prestes*. FGV. Disponível em: < https://cpdoc.fgv.br/producao/dossies/AEraVargas1/anos20/CrisePolitica/ColunaPrestes>. Acesso em: 04 ago. 2021.

LESSA, Daniele. *Segunda Guerra Mundial*: os bens confiscados e jamais devolvidos – Bloco 3 [Transcrição de áudio]. Rádio Câmara. Disponível em: <https://web.archive.org/web/20140414015938/http://www2.camara.leg.br/camaranoticias/radio/materias/REPORTAGEM-ESPECIAL/405455-SEGUNDA-GUERRA-MUNDIAL--OS-BENS-CONFISCADOS-E-JAMAIS-DEVOLVIDOS-%2810%2756%27%27%29.html#>. Acesso em: 04 ago. 2021.

MORAIS, Fernando. *Corações Sujos*. São Paulo: Companhia das Letras, 2000.

SETO, Cláudio; UYEDA, Maria Helena (2011). *Ayumi* (caminhos percorridos): memorial da imigração japonesa: Curitiba e litoral do Paraná. 2ª ed. Curitiba: Imprensa Oficial do Paraná, 2002.

SUZUKI JR., Matinas. *História da discriminação brasileira contra os japoneses sai do limbo (Folha)*. 20 abr. 2008. Disponível em: <http://web.archive.org/web/20140907191641/http://www.usp.br/proin/download/imprensa/imprensa_integras_20_04_2009.pdf>. Acesso em: 04 ago. 2021.

22.
COMO OS PRIVILÉGIOS DO SETOR PÚBLICO AUMENTAM A DESIGUALDADE SOCIAL

O Brasil é um excelente país para se viver. Bem, ao menos se você for membro da elite do funcionalismo público. Se você não for, sua vida será marcada por péssimos serviços públicos, baixa liberdade econômica e muitos impostos, que em boa parte são destinados para a mamata dos altos funcionários.

Há muitos funcionários públicos privilegiados. Pretendo tratar aqui de uma classe especialmente privilegiada: os juízes. Trata-se de competição acirrada com promotores e outras carreiras na grande olimpíada dos privilégios. Nessa olimpíada patrimonialista, nós ganhamos muitas medalhas de ouro.

Além de salários altíssimos, que muitas vezes são complementados com diversos penduricalhos – até mais altos do que os próprios salários: juiz de Minas Gerais já chegou a levar R$ 700 mil, repito, setecentos mil reais para casa num único mês –, bem como com um regime disciplinar que pune os maus juízes com a aposentadoria – ou seja, vender sentenças é um ótimo negócio – e temos também as famosas férias de 60 dias. Sim, leitor, você entendeu corretamente: magistrados têm 60 dias de férias por ano.

Eles não são os únicos, claro. Os membros do Ministério Público também têm a mesma regalia. Membros da advocacia pública fazem todos os esforços para conseguir a mesma mamata. O fato, porém, é que juízes inventaram a moda e fazem todos os esforços para mantê-la.

Qual seria a justificativa? Bem, magistrados consideram que sua função é demasiadamente nobre e desgastante e, por isso, merecem as férias adicionais. Quanto à nobreza, não entendo muito bem o porquê de os magistrados se considerarem melhores que médicos, enfermeiros, policiais, bombeiros etc. Com relação ao desgaste, os magistrados reclamam do excesso de trabalho.

Aliás, a entrevista de uma presidente de associação de magistrados revelou a visão de parte da magistratura de maneira escancarada. A excelentíssima afirmou que juízes querem apenas "viver bem", que são de, acreditem, "classe média-baixa" e que a sociedade, veja bem, meu claro leitor, "a sociedade exige do juiz uma exteriorização de poder econômico". Ou seja, caso juízes não sejam vistos contando plaquês de cem dentro de um Citroën, nós enquanto sociedade iremos repreendê-los. Eu é que não quero ser julgado por alguém que anda por aí de bermuda, regata e chinelo havaianas!

A mesma doutora ainda disse que o salário mal dá para pagar a faculdade de medicina de filhos de magistrados, que chegam a custar cerca de R$ 10 mil, oh, pobrezinho deles! Como se não bastasse, afirmou que a magistratura vem "perdendo poder aquisitivo" – o salário dos magistrados mais do que dobrou nas últimas duas décadas – e que boa parte dos juízes estariam endividados. É, meus amigos, estão achando que a vida de excelência é fácil?

Temos um número absurdamente alto de processos no Brasil, é verdade. Boa parte disso é culpa do – adivinhe – próprio Estado.

No entanto, não creio que o trabalho dos magistrados seja particularmente mais desgastante do que o dos policiais que sobem morros trocando tiros com narcotraficantes ou o dos bombeiros que entram em um prédio em chamas. E, claro, policiais e bombeiros ganham apenas uma fração do que ganham os juízes.

Tente discutir esse tema com as associações de juízes e você verá a hostilidade. Os juízes dirão que costumam vender os trinta dias adicionais ou usá-los para pôr o trabalho em dia, esquecendo-se que isso desvirtua o sentido das férias, que é (ou deveria ser) uma interrupção do trabalho, remunerada, para o usufruto do ócio. Dirão também que é preciso manter a carreira da magistratura atraente, para que os melhores advogados se interessem em ser juízes, o que não deixa de ser verdade, mas esquecem-se que a atratividade se dá pela remuneração (que já é alta) e pela honra do cargo, não por um privilégio. Por fim, lhe dirão que eles merecem os privilégios porque não podem exercer nenhuma outra função, salvo a de professor. Ora, mas o mínimo que se espera de um juiz é que ele se dedique à magistratura!

Não há setor mais resistente a mecanismos de controle e reformas do que a magistratura. Quando uma emenda à Constituição criou o Conselho Nacional de Justiça para que fosse feito o controle do Poder Judiciário, os magistrados levaram a questão ao Supremo Tribunal Federal. Qualquer tentativa de limitar as férias esbarra nos argumentos já citados. Por fim, os magistrados ignoram solenemente o "teto constitucional", que é uma limitação salarial prevista na Constituição. Há diversos "subtetos", mas hoje (2021), o teto é de pouco menos de R$ 40 mil. É comum vermos magistrados ganhando bem mais do que isso, o que leva a uma piada comum nos meios políticos e jurídicos que, para a magistratura, o teto virou piso. Apenas para que o leitor tenha uma ideia, uma reportagem da Folha de São Paulo, de 12 de julho de 2020, afirmava que mais de 8 mil juízes ganham acima de R$ 100 mil por mês (mais do que o dobro do teto).

Há justificativas das mais diversas para os salários, tais como acúmulo de funções, mas, se temos um teto, ele deveria ser... bem... o teto! Até recentemente, juízes usavam o tal do "auxílio-moradia" para aumentar seus contracheques. Além do fato de o trabalhador brasileiro que ganha um salário mínimo ter que pagar sua própria moradia – o que já torna o pagamento do auxílio aos juízes algo aberrante –, ele era pago mesmo aos juízes que residam em cidades em que tinham imóveis! Mesmo com as recentes mudanças, um levantamento mostra que 65% dos juízes brasileiros recebem acima do teto!

De certa forma, faz sentido que eles queiram manter as férias de 60 dias. Com o dólar tão caro, só quem ganha acima de R$ 40 mil mensais pode viajar para o exterior. Com uma remuneração tão alta, é possível fazer mais de uma viagem internacional por ano. O kit "férias de 60 dias e remuneração acima do teto" faz todo o sentido.

Só para se ter uma ideia de quanto custam esses supersalários, apenas de penduricalhos que fazem com que juízes recebam mais de 39 mil reais por mês, o custo é de cerca de R$ 15 bilhões por ano. Isso ignorando o fato de que mais de R$ 30 mil por mês de salário num país extremamente pobre já é um absurdo – mais da metade da população vive com menos de R$ 400 por mês – e desigual – basta receber mais de R$ 28 mil por mês e você já estará na elite da elite, o 1% mais rico.

Ou seja, a maioria dos brasileiros, que vive com R$ 400 por mês, financia o salário do 1% mais rico da população, que, no caso dos juízes, recebem de R$ 30 mil a até R$ 700 mil num único mês. Para se ter uma ideia, R$ 15 bilhões equivale a cerca de metade de todo o programa Bolsa Família, que atendeu a 14,2 milhões de famílias, ou seja, cerca de 42,6 milhões de pessoas em 2020. Estamos falando de um gasto anual *per capita* de R$ 704,22 no principal programa social do país contra R$ 600 mil por cabeça em supersalários.

Em razão desse tipo de distorção causada pelo Estado, sempre escute com ceticismo quando um esquerdista disser que aumento de gasto público é sinônimo de distribuição de renda. O Estado brasileiro está aí para provar o contrário. Institucionalizamos a miséria e a desigualdade social espoliando os mais pobres para pagar benefícios para a elite pública – através de altos salários e penduricalhos – e privada – através de subsídios e privilégios tributários obtidos por meio de *lobby* obscuro em Brasília.

Referências

AGÊNCIA O GLOBO. "Cerca de 25 mil servidores recebem acima do teto; Prejuízo chega a $ 2,6 bi". *IG Economia*. 30 mai. 2021. Disponível em: <https://economia.ig.com.br/2021-05-30/salario-acima-teto-constitucional-pesquisa.html>. Acesso em: 04 ago. 2021.

AGÊNCIA O GLOBO. "Corte de supersalários pode poupar R$ 15 bi e financiar Renda Cidadã; entenda". *IG Economia*. 05 out. 2020. Disponível em: <https://economia.ig.com.br/2020-10-05/corte-de-supersalarios-pode-poupar-r-15-bi-e-financiar-renda-cidada-entenda.html>. Acesso em: 04 ago. 2021.

BURGARELLI, Rodrigo; CARMONA, André. "Salários do Judiciário mais que dobraram em 20 anos". *Exame*. 27 jun. 2016. Disponível em: <https://exame.com/brasil/servidor-da-justica-custa-a-uniao-112-mais-em-20-anos/>. Acesso em: 04 ago. 2021.

CYMBALUK, Fernando. "Família brasileira encolhe e cada vez mais gente mora sozinha, aponta IBGE". *UOL*. São Paulo, 21 set. 2012. Disponível em: <https://noticias.uol.com.br/cotidiano/ultimas-noticias/2012/09/21/familia-brasileira-encolhe-e-cada-vez-mais-gente-mora-sozinha.htm>. Acesso em: 04 ago. 2021.

FIÚZA, Patrícia. "Verbas indenizatórias garantem salário de mais de R$ 700 mil em maio a juiz do TJMG". *G1*. 31 mai. 2019. Disponível em: <https://g1.globo.com/mg/minas-gerais/noticia/2019/05/31/verbas-indenizatorias--garantem-salario-de-mais-de-r-700-mil-em-maio-a-juiz-do-tjmg.ghtml>. Acesso em: 04 ago. 2021.

LORRAN, Tácio. "'Queremos apenas viver bem', diz juíza para quem magistratura é 'classe média baixa'". *Metrópolis*. 25 mar. 2021. Disponível em: <https://www.metropoles.com/brasil/justica/queremos-apenas-viver-bem--diz-juiza-para-quem-magistratura-e-classe-media-baixa>. Acesso em: 04 ago. 2021.

MENDONÇA, Heloisa. "Viver com 413 reais ao mês, a realidade de metade do Brasil". *El País Brasil*. 04 nov. 2019. Disponível em: <https://brasil.elpais.com/brasil/2019/10/30/economia/1572454880_959970.html>. Acesso em: 04 ago. 2021.

PAMPLONA, Nicola. "10% mais ricos ficam com 43% da renda naciona, diz IBGE". *Folha de São Paulo*. 06 mai. 2020. Disponível em: <https://www1.folha.uol.com.br/mercado/2020/05/10-mais-ricos-ficam-com-43-da-renda--nacional-diz-ibge.shtml>. Acesso em: 04 ago. 2021.

TV BRASIL. "Número de beneficiários do Bolsa Família cresce 80 mil em maio". *TV Brasil*. 19 mai. 2021. Disponível em: <https://tvbrasil.ebc.com.br/brasil-em-dia/2021/05/numero-de-beneficiarios-do-bolsa-familia-cresce-80--mil-em-maio>. Acesso em: 04 ago. 2021.

23.
RAZÕES PELAS QUAIS JÁ PASSOU DA HORA DE PRIVATIZAR OS CORREIOS

Um dos temas que mais atiça correntes da esquerda que se interessam pelo debate econômico é a privatização dos Correios. Só de ouvir falar no tema, a esquerda aciona seus sindicatos e todo seu aparato de propaganda. A privatização dos Correios seria um crime contra o povo brasileiro, um atentado à soberania nacional, uma forma de passar a grande riqueza representada pelos Correios aos estrangeiros gananciosos, uma forma de punir os pobres, privar a população de cidades mais pobres do direito à informação e à comunicação etc.

Vamos aos fatos. Os correios são uma empresa pública. Só. Nada mais. Essa empresa pública explora o serviço postal, que continuará sendo da União em caso de privatização – os serviços públicos privatizados ainda são de titularidade do Estado, mas são prestados pela iniciativa privada, exemplo clássico é a construção e manutenção de rodovias. Portanto, fiquemos tranquilos, todos continuaremos recebendo os boletos em dia.

Os Correios sempre protagonizaram inúmeros escândalos de corrupção – dentre eles podemos citar: a diminuição brusca da liquidez na era Dilma (resultado de aumento de salários), o controle de preços abusivos com feições populistas (e, claro, resultados trágicos nas finanças), o celeiro de indicações políticas e o enorme escândalo em seus fundos de pensão. Isso ocorre porque a ingerência política na estatal é muito grande. Como resultado, os Correios sempre são rifados entre aliados políticos. Na época do PT, além dos Correios em si, houve escândalos envolvendo a previdência privada dos seus trabalhadores.

Por falar em trabalhadores, sindicalistas dos Correios promovem greves praticamente todos os anos. Ora, se a natureza estatal da empresa é tão boa assim para seus colaboradores como a esquerda insiste em repetir, por que diabos os trabalhadores entram em greve todos os anos reivindicando melhores condições de trabalho? Não seria a privatização que causaria o sucateamento da empresa e a precarização da mão de obra? Como é possível que as greves dos Correios sejam mais frequentes do que praticamente em qualquer outra empresa, estatal ou privada? O raciocínio não encaixa.

Os Correios têm o monopólio legal num negócio que tem se mostrado pouco rentável, que é o recebimento, transporte, entrega e expedição de cartas. Aqui é importante ressaltar que os Correios não detêm o monopólio de entregas, razão pela qual iniciativas como o Mercado Livre apresentam soluções cada vez melhores e investimentos cada vez maiores no setor. Dizer que os Correios têm o monopólio das entregas é pedir para tomar uma invertida de esquerdista que conhece a estatal. E é justamente por não monopolizar esse setor que um estudo recente do Ministério da Economia mostra que os Correios estão perdendo mercado rapidamente no segmento de *e-commerce*, representado pela entrega de bens vendidos pela internet.

Não podemos esquecer, é claro, que os Correios também têm péssima gestão. Há problemas graves com o plano de saúde de seus servidores, que tem passivo atuarial de R$ 3,9 bilhões. Além disso, não são poucas as notícias que apontam que governantes têm medo de implementar administração eficiente na empresa pelo medo da impopularidade que as demissões gerariam. Esse problema, evidentemente, não existiria na iniciativa privada, onde o que importa é garantir serviço melhor e mais barato ao consumidor, independentemente da popularidade do gestor da empresa.

A esquerda, porém, gosta de dizer que os Correios são lucrativos. Para não variar, é uma mentira. Os Correios não entregam dividendos à União desde 2014. Mais: o suposto lucro da empresa é menor do que a quantidade que recebe de privilégios tributários – de acordo com o governo, a cifra de privilégios chega a R$ 2 bi, o que torna o propagado lucro de R$ 675 milhões algo fictício e fruto de uma contabilidade que mascara o cenário real –, já que os Correios têm imunidade garantida por lei. Mesmo que fosse lucrativo, a privatização ainda se justificaria, uma vez que empresas estatais tendem a gerar inúmeras ineficiências. Isso vem da troca frequente da administração, além de custos associados ao setor público, como a observância às regras de compras públicas, engessamento de contratações e demissões etc. Ou seja, mesmo que fosse uma estatal lucrativa, com certeza o lucro seria ainda maior caso fosse privatizada.

Num último argumento desesperado e emocional para tratar da privatização, os sindicatos dizem que as empresas privadas só iriam atuar em locais geograficamente rentáveis – grandes centros urbanos –, privando os cidadãos que residem em áreas rurais e estados pequenos do serviço postal. Ledo engano. Há formas simples de impedir que isso ocorra e uma delas é promover o já conhecido – e muito implementado durante todos os governos, inclusive os petistas, diga-se – modelo "filé com osso", em que a venda do direito de prestar serviço em área rentável está associada à obrigação de atender área não rentável – por exemplo, a empresa que quiser atuar em São Paulo terá que atuar no Amapá.

Temos que discutir a mudança no nosso arcaico serviço postal. Tratar entrega de carta como "serviço estratégico" a ser monopolizado pelo Estado em pleno século XXI é o mesmo que defender, sei lá, o monopólio da produção de tacapes em nome da defesa da segurança nacional. Há muitos modelos que podemos usar para repensar a prestação do serviço, exemplos ao redor do mundo não faltam. Uma coisa é certa: os Correios têm de ser privatizados.

Referências

AGÊNCIA O GLOBO. "Entenda o histórico de problemas do fundo de pensão dos Correios, o Postalis". *Época Negócios*. 12 abr. 2018. Disponível em: <https://epocanegocios.globo.com/Brasil/noticia/2018/04/entenda-o--historico-de-problemas-do-fundo-de-pensao-dos-correios-o-postalis.html>. Acesso em: 04 ago. 2021.

AZEVEDO, Reinaldo. "O PT pintou e bordou nos fundos de pensão de estatais e rombo passa de R$ 44 bilhões". *Veja*. 22 fev. 2016. Disponível em: <https://veja.abril.com.br/blog/reinaldo/o-pt-pintou-e-bordou-nos-fundos--de-pensao-de-estatais-e-o-rombo-passa-de-r-44-bilhoes/>. Acesso em: 04 ago. 2021.

BITENCOURT, Rafael. "PPI: Correios ainda dão lucro porque é empresa que não paga imposto". *Valor Econômico*. 28 abr. 2021. Disponível em: <https://valor.globo.com/empresas/noticia/2021/04/28/ppi-correios-ainda-dao-lucro--porque-e-empresa-que-nao-paga-imposto.ghtml>. Acesso em: 04 ago. 2021.

BORRES, João. "Correios são 'vaca indo para o brejo', diz estudo do Ministério da Economia sobre privatização". *G1*. 02 ago. 2019. Disponívekl em: <https://g1.globo.com/economia/blog/joao-borges/post/2019/08/02/correios-sao-vaca-indo-para-o-brejo-diz-estudo-do-ministerio-da-economia-sobre-privatizacao-da-empresa.ghtml>. Acesso em: 04 ago. 2021.

BRESCIANI, Eduardo; FABRINI, Fábio. "Estopim do escândalo do mensalão, Correios viram feudo político". *Estadão Política*. 27 out. 2012. Disponível em: <https://politica.estadao.com.br/noticias/geral,estopim-do-escandalo-do-mensalao-correios-viram-feudo-politico-do-pt,951832>. Acesso em: 04 ago. 2021.

ELIAS, Antonio. "Correios: plano de saúde é responsável pelo rombo da estatal". *Correio Braziliense*. 18 mai. 2017. Disponível em: <https://www.correiobraziliense.com.br/app/noticia/economia/2017/05/18/internas_economia,595768/correios-plano-de-saude-e-responsavel-pelo-rombo-da-estatal.shtml>. Acesso em: 04 ago. 2021.

ESTADÃO. "Veja a memória das greves dos Correios desde 1988". *Estadão*. Disponível em: <https://economia.estadao.com.br/noticias/geral,veja-a-memoria-das-greves-dos-correios-desde-1988,149619>. Acesso em: 04 ago. 2021.

HERMES, Felippe. "Com 10 greves em 9 anos, os Correios seguem perdendo relevância". *InfoMoney*. 20 ao. 2020. Disponível em: <https://www.infomoney.com.br/colunistas/felippe-hermes/com-10-greves-em-9-anos-os-correios-seguem-perdendo-relevancia/>. Acesso em: 04 ago. 2021.

LIMA, Wilson. "Como o PT quebrou os Correios". *Isto É*. 15 mar. 2019. Disponível em: <https://istoe.com.br/como-o-pt-quebrou-os-correios/>. Acesso em: 04 ago. 2021.

PIMENTEL, Gabrielly; BARBOSA, Rafael. "Correios tiveram 12 greves e 211 dias parados nos últimos 10 anos". *Poder 360*. 25 out. 2020. Disponível em: <https://www.poder360.com.br/brasil/correios-entraram-em-greve-por-quase-10-meses-nos-ultimos-10-anos/#:~:text=Em%202014%2C%20os%20funcion%C3%A1rios%20cruzaram,os%20bra%C3%A7os%20em-%20%20n%C3%ADvel%20nacional>. Acesso em: 04 ago. 2021.

RODRIGUES, Alexandre. *Cenário do episódio que desencadeou o mensalão, Correios veem lucro despencar sob ocupação do PT*. Rio de Janeiro. Disponível em: <https://www2.senado.leg.br/bdsf/bitstream/handle/id/511562/noticia.html?sequence=1&isAllowed=y>. Acesso em: 04 ago. 2021.

SENADO NOTÍCIAS. "Funcionários dos Correios pagam pelo prejuízo causado pela má gestão do fundo Postalis, afirmam debatedores". Agência Senado. 06 ago. 2018. Disponível em: <https://www12.senado.leg.br/noticias/materias/2018/08/06/funcionarios-dos-correios-pagam-pelo-prejuizo-causado-pela-ma-gestao-do-fundo-postalis-afirmam-debatedores>. Acesso em: 04 ago. 2021.

24.
POR QUE A JUSTIÇA TRABALHISTA TEM NATUREZA FASCISTA E PREJUDICA O TRABALHADOR

Dentre os muitos absurdos do Brasil, há um que se destaca: a Justiça do Trabalho. Paixão de todo esquerdista, que a clama como a "Justiça do Povo", a Justiça do Trabalho foi criada na ditadura Vargas, com o objetivo, claramente fascista – o bom e velho dirigismo contratual sindicalista –, de fazer o Estado mediar todas as relações de trabalho. O lema do fascismo, lembremos, era "Tudo no Estado, nada contra o Estado, e nada fora do Estado". Parece similar a alguns discursos da esquerda que sempre pedem mais Estado? Pois é.

Vargas criou a Justiça do Trabalho como uma forma de impedir que o Poder Judiciário julgasse os litígios trabalhistas; estes processos deveriam ser julgados por um órgão próprio do Poder Executivo e, para isso, surgiu a Justiça do Trabalho, dentro da estrutura do Poder Executivo. Foi somente com a Constituição de 1946 que ela foi transferida ao Poder Judiciário.

Uma das principais característica da Justiça do Trabalho, assim como de todo o Poder Judiciário brasileiro, é o seu alto custo. O Judiciário custa ao Brasil cerca de 1,3% do PIB. Nossas instituições de Justiça custam 11 vezes mais que as da Espanha; dez vezes mais que na Argentina; nove vezes mais que nos EUA e Inglaterra; seis vezes mais que na Itália, na Colômbia e no Chile; e quatro vezes mais que em Portugal, Alemanha e Venezuela. Coisa semelhante só na Bósnia-Herzegovina e em El Salvador. Cada decisão judicial no Brasil (US$ 681,4) é, na média, 34% mais cara que na Itália (US$ 508,8). Enfim, um país rico e próspero que nem o Brasil pode esbanjar esses gastos. Do enorme valor destinado ao Poder Judiciário da União, a Justiça do Trabalho gasta quase 44%.

E sobre a produtividade? Bem, a Justiça do Trabalho concentra cerca de 40% dos processos nacionais e tem fama de julgar rapidamente. Então ela é boa, certo? A questão é: por que temos tantos processos trabalhistas? A Justiça do Trabalho criou uma cultura de que toda relação de trabalho tem que acabar em um processo e que deve haver uma lei rígida, inegociável, que gera punições até mesmo quando não há infração. O resultado é um desincentivo às contratações formais: nada menos do que 41,6% de todo nosso mercado é composto por mão de obra informal. A legislação cheia de encargos e burocracia joga o trabalhador brasileiro na clandestinidade.

Ora, mas para os socialistas, o que importa é o quanto ela gera para a classe trabalhadora, certo? Pense de novo, meu amigo vermelho. Em 2015 ela custou ao Tesouro – eufemismo para se referir ao seu dinheiro – cerca de R$ 17 bilhões. Era mais fácil e produtivo mandar todos os juízes do trabalho para casa e pagar o dobro do que os trabalhadores pedem em juízo.

Bem, se temos uma Justiça do Trabalho, temos que ter um Ministério Público do Trabalho, certo? Afinal, o maravilhoso Estado tem que tutelar tudo e todos, mesmo contra sua vontade. Em um dos casos emblemáticos da Justiça do Trabalho, a Riachuelo foi autuada pelo Ministério Público em R$ 37 milhões; o MPT ainda mandou a loja registrar os empregados terceirizados das empresas que prestavam serviços a ela. O mais curioso, entretanto, é que os trabalhadores do Rio Grande do Norte fizeram uma mobilização contra essa atitude do MPT. Aparentemente, o Estado sabe o que é melhor para eles.

No governo Temer, foi feita uma reforma trabalhista que, dentre outras coisas, desobrigou os trabalhadores da contribuição obrigatória para o sindicato – sim, você era obrigado a pagar um sindicato para te "proteger", quer quisesse ou não. Como se estivesse em filme de máfia. Alguns juízes do trabalho insistiram que isso era inconstitucional; para eles, constitucional é obrigar uma pessoa a contribuir com um sindicato que ela despreza.

Os absurdos não param. Se fôssemos listar todas as decisões esdrúxulas da Justiça do Trabalho, teríamos que citar a que condenou uma empresa de limpeza urbana por não oferecer banheiro no local de trabalho dos garis (ignorando que eles trabalham na rua), a que determinou que minutos a mais na jornada concedidos pelo empregador para que os empregados tomem café são horas extras e a que discutiu detalhadamente que tipo de flatulência oriunda do empregado causa dano moral.

Em 1º de maio de 2021, a Justiça do Trabalho fez 80 anos. Adivinha quem pagou a festa nos diversos tribunais e varas trabalhistas? Você, claro. Torçamos para que ela não chegue aos 90.

Referências

ABRAT – Associação Brasileira de Advogados Trabalhistas. "MPT: Riachuelo é processada em R$ 10 mi por revistas abusivas". *ABRAT.* s/d. Disponível em: <http://www.abrat.adv.br/index.php/noticias/1859-mpt--riachuelo-e--processada-em-r$-10-mi-por-revistas-abusivas>. Acesso em: 05 ago. 2021.

AMBIENTE LEGAL. "Justiça dá trabalho e custa caro". *Ambiente Legal.* 05 mar. 2017. Disponível em: <https://www.ambientelegal.com.br/justica-que--da-trabalho-e-custa-caro/>. Acesso em: 05 ago. 2021.

BOUÇAS, Cibele. "Dona da Riachuelo é alvo de ação do MPT que pede R$ 37 milhões". *Valor Econômico.* 18 set. 2017. Disponível em: <https://valor.globo.com/empresas/noticia/2017/09/18/dona-da-riachuelo-e-alvo-de-acao-do-mpt-que-pede-r-37-milhoes.ghtml>. Acesso em: 05 ago. 2021.

CAMPOS, Ana Cristina. "IBGE: informalidade atinge 41,6% dos trabalhadores no país em 2019". *Agência Brasil.* 12 nov. 2020. Disponível em: <https://agenciabrasil.ebc.com.br/economia/noticia/2020-11/ibge-informalidade-atinge-416-dos-trabalhadores-no-pais-em-2019#:~:text=A%20informalidade%20no%20mercado%20de,39%2C3%20milh%C3%B5es%20de%.>. Acesso em: 05 ago. 2021.

CASADO, José. "A Justiça mais cara do mundo". *O Globo.* 12 jul. 2016. Disponível em: <https://oglobo.globo.com/opiniao/a-justica-mais-cara-do-mundo-19689169>. Acesso em: 05 ago. 2021.

CNJ – Conselho Nacional de Justiça. *Justiça em números.* Disponível em: <https://www.cnj.jus.br/pesquisas-judiciarias/justica-em-numeros/>. Acesso em: 05 ago. 2021.

CONSULTOR JURÍDICO. "Alvo de ação de R$ 37 milhões, Riachuelo diz que MPT destrói empregos". *Consultor Jurídico.* 22 set. 2017. Disponível em: <https://www.conjur.com.br/2017-set-22/alvo-acao-milionaria-riachuelo--mpt-destroi-empregos?utm_source=dlvr.it&utm_medium=facebook>. Acesso em: 05 ago. 2021.

CRELIER, Cristiane. "Justiça do Trabalho custa mais aos cofres públicos". *Jornal do Brasil.* 03 out. 2005. Disponível em: <https://www2.senado.leg.br/bdsf/bitstream/handle/id/64598/noticia.htm?sequence=1&isAllowed=y#:~:text=O%20custo%20da%20Justi%C3%A7a%20do,passado%2C%20segundo%20aponta%20a%20Firjan.>. Acesso em: 05 ago. 2021.

HERMES, Felippe. "A insustentável lerdeza do nosso Judiciário". *Super Interessante*. 15 fev. 2019. Disponível em: <https://super.abril.com.br/sociedade/a-insustentavel-lerdeza-do-nosso-judiciario/>. Acesso em: 05 ago. 2021.

LIMA, Wilson. "Justiça brasileira custa R$ 100 bilhões ao ano: para onde vai esse dinheiro?". *Gazeta do Povo*. 25 ago. 2020. Disponível em: <https://www.gazetadopovo.com.br/republica/justica-brasileira-custa-100-bilhoes--reais-ao-ano-despesas/>. Acesso em: 05 ago. 2021.

LORENZON, Geanluca. "Como a Justiça do Trabalho atrapalha até mesmo sua felicidade". *Mises Brasil*. 14 mar. 2017. Disponível em: <https://www.mises.org.br/blogpost/2649/como-a-justica-do-trabalho-atrapalha-ate-mesmo-sua--felicidade>. Acesso em: 05 ago. 2021.

MACIEL, José Alberto Couto. *As decisões mais bizarras da Justiça do Trabalho*. Disponível em: <https://revistas.unifacs.br/index.php/redu/article/download/4773/3128>. Acesso em: 05 ago. 2021.

REHDER, Marcelo. "Justiça do Trabalho custa R$ 61,24 a cada brasileiro". *O Estado de São Paulo*. 15 ago. 2011. Disponível em: <https://economia.estadao.com.br/noticias/geral,justica-do-trabalho-custa-r-61-24-a-cada-brasileiro-imp-,758497>. Acesso em: 05 ago. 2021.

25.

MARIGHELLA: O TERRORISTA ROMANTIZADO PELAS ESQUERDAS

"O assalto é o ataque armado com o qual fazemos expropriações, libertamos prisioneiros, capturamos explosivos, metralhadoras, e outras armas típicas e munições."; "O terrorismo é uma arma que o revolucionário não pode abandonar". Com essas frases de inspiração matinal, começamos nosso texto sobre Marighella, herói da esquerda formada por gente que se sente culpada por ter nascido rica, geralmente residente no Leblon ou na Vila Madalena.

Nosso protagonista nasce na República Velha, em 1911, em família pobre, na Bahia. Aparentemente, era um menino inteligente e conseguiu entrar na faculdade de engenharia, a despeito da pobreza. Largou a faculdade para entrar no Partido Comunista Brasileiro (PCB). Lembremos que o PCB era um partido comunista no sentido clássico, ou seja, criação de vanguarda revolucionária e submissão a Moscou. Consegue, porém, ser deputado federal no momento da redemocratização, em 1946, mas logo o STF cassa o registro do PCB. Marighella perambula pela China e por Cuba. Quando da ditadura militar no Brasil, resolve partir para a luta armada. É expulso do PCB e funda a Ação Libertadora Nacional (ALN).

A ALN era muito democrática e simpática, como todas as organizações de esquerda, mas não permitia que seus militantes deixassem a organização. Márcio Toledo, quando tentou fazê-lo, foi morto. Nessa linda turma dos *Teletubbies* vermelhos, quem não dá tchau pro solzinho não acorda pra ver o dia seguinte.

Marighella foi um guerrilheiro urbano, o que é uma forma simpática de dizer que era um terrorista. Sim, o terrorismo urbano existiu durante as décadas de 1960 e 1970. Isso não justifica, é óbvio, os atos da ditadura militar, em especial os atos de perseguição política e tortura, que são horrendos. Agora, não podemos engar um fato: a esquerda – ou parte dela – atuou de forma terrorista nos anos de 1960 e 1970. E Marighella foi o principal expoente desta linha.

Antes que venham com o argumento de que os guerrilheiros eram bastiões da democracia e que apenas reagiam aos abusos da ditadura militar, vale lembrar os depoimentos de dois esquerdistas honestos: Eduardo Jorge e Fernando Gabeira. Ambos reconhecem que o objetivo da luta armada durante o regime militar era implementar uma ditadura comunista. Democracia nunca foi o mote dos radicais que explodiam bombas e saqueavam bancos. Os verdadeiros democratas manifestavam-se pacificamente por meio da cultura, manifestações políticas e imprensa – todos eles duramente reprimidos pela ditadura.

Voltando: nosso herói era filiado ao PCB, mas o partido o considerou muito radical – sim, é isso mesmo, o partidão, em plena Guerra Fria, considerou o sujeito radical demais para integrar seus quadros – e o expulsou em 1967. O motivo foi o fato dele ter defendido, desde 1965, a luta armada. Lembrando que a ditadura é de 1964, mas o período mais pesado de repressão só começaria em 1968. Antes da expulsão, Marighella era muito ativo no partidão; chegou até a ser preso e torturado mais de uma vez pela ditadura de Getúlio – aquela que a esquerda atual ama.

De forma aparentemente inusitada – pelo menos para quem não conhece as táticas da esquerda –, ele se orgulhava de ser stalinista e de perseguir trotskistas – nada mais conveniente para um esquerdista totalitário do que perseguir outros esquerdistas, vide realidade muito bem retratada na ficção de George Orwell. Pode-se argumentar que não se conhecia muito bem os crimes de Stalin antes de Khrushchov tê-los denunciado, em 1956, no famoso discurso secreto, amplamente vazado ao Ocidente. Mas há um detalhe: Marighella não demonstrou arrependimento depois de 1956.

"Uma mensagem falsa pode trazer o inimigo a um lugar onde caia em uma armadilha. O objeto principal da tática de emboscada é de capturar as armas e castigá-los com a morte."

Marighella se definia como terrorista com orgulho. Sua obra mais célebre é o "Manual do Guerrilheiro Urbano" (MARIGUELLA, 1975). Nela achamos frases como:

> Execução é matar um espião norte-americano, um agente da ditadura, um torturador da polícia, ou uma personalidade fascista no governo que está envolvido em crimes e perseguições contra os patriotas, ou de um "dedo duro", informante, agente policial, um provocador da polícia. Aqueles que vão à polícia por sua própria vontade fazer denúncias e acusações, aqueles que suprem a polícia com pistas e informações e apontam a gente, também devem ser executados quando são pegos pela guerrilha.

Lembra quando Dilma disse que não respeitava delator? Ela também fez parte da luta armada e era adepta da filosofia de eliminar gente bocuda demais.

Este é o principal ponto sobre Marighella: ele não pisava em ovos com relação à sua definição. Ele se orgulhava de se dizer terrorista e sequestrador. A esquerda atual, identitária e politicamente correta, enfatiza que ele era um poeta, uma pessoa de grande sensibilidade, esquecendo-se que ele mesmo se classificava como terrorista. Ao contrário do que quer fazer crer a esquerda, Marighella não era nenhum intelectual. Suas obras são pífias e a coisa mais importante que escreveu foi o Manual do Guerrilheiro. Marighella nunca lutou pela democracia na forma como a entendemos. Ele era, abertamente, um stalinista que defendia uma ação de vanguarda: um partido, por suas ações e de forma muito disciplinada, acelerava o processo revolucionário. Seu objetivo era a ditadura do proletariado e, no processo revolucionário, vale tudo: matar, roubar, explodir, sequestrar....

Ao fim, Marighella morre numa emboscada do DOPS. Como ele mesmo disse: "as emboscadas são ataques tipificados por surpresa quando o inimigo é apanhado em uma estrada ou quando faz que uma rede de policiais rodeie uma casa ou propriedade".

É claro que Marighella foi vítima de tortura pela ditadura de Getúlio – tão defendida pela esquerda atual – e pela ditadura militar. Igualmente cristalino é o fato de que tortura é injustificável. Porém, Marighella não era herói. Então, o que era Marighella? Um comunista, de vertente stalinista, que desprezava os valores burgueses – liberdade individual, legalidade, constitucionalismo, pluralidade, direitos humanos etc. – e que acreditava que o caminho para o sucesso comunista era a guerrilha, rural e urbana. Seu campo não era a política, mas a violência e o terror.

Referências

MARIGUELLA, Carlos. *Manual do Guerrilheiro Urbano*, Assírio e Alvim, Lisboa, 1975.

26.
O MST É UM MOVIMENTO TERRORISTA E EU POSSO PROVAR

Um movimento terrorista não é um simples movimento criminoso, como o Primeiro Comando da Capital (PCC) ou o Comando Vermelho. O que o movimento terrorista quer não é só cometer crimes; ele quer pôr a população em um constante estado de medo e, através do medo, operar uma mudança na ordem política e social. É praticamente uma chantagem.

Pode-se dizer, por exemplo, que em 2006 o PCC praticou atos terroristas. Praticou, mas esse não é o seu objetivo. O objetivo é enriquecer (ganhar dinheiro e poder) e ele usa o crime como meio. O terrorismo de 2006 foi, para seus objetivos, algo pontualmente necessário. Se ele tiver poder e o dinheiro que quer obter, não agirá de forma terrorista.

No caso do movimento terrorista, o dinheiro e o poder são os meios para conseguir aterrorizar a população e, com isso, fazer uma mudança política e social. Tanto a organização criminosa comum quanto a organização terrorista usam o crime, mas os fins e os meios são invertidos. Os criminosos comuns querem dinheiro e poder e optam pelo caminho do crime; os terroristas querem uma mudança social e política drástica e optam pelo caminho da chantagem social através do medo causado pelo crime.

Vamos dar um exemplo: um terrorista entra em um ônibus com uma bomba na cintura e se explode. Todos morrem, inclusive ele. Não é algo que um criminoso comum faria, obviamente, porque não há vantagem alguma em morrer. Agora, a partir do momento em que o ônibus explode, todo mundo ficará com medo de tomar um ônibus. Eu pensarei duas vezes antes de fazer um ato simples como entrar num ônibus qualquer. Minha vida mudou. Um ato outrora simples, agora é pautado pelo medo. Pensemos no 11 de setembro de 2011. A maior vitória para os terroristas não foram as mortes civis – sim, isso também foi uma vitória, mas as imagens espetaculares da queda das torres, repetidas sem parar, e o estado de medo e paranoia em que os EUA ficaram desde então.

Há, portanto, uma diferença entre o criminoso e o terrorista: o criminoso pensa racionalmente. Ele não quer morrer, não quer ser preso, quer ter lucro. O terrorista é um fanático; ele muitas vezes aceita morrer pela causa – pensemos, de novo, nos homens que sequestraram os aviões em 11 de setembro de 2001. O criminoso comum muitas vezes prefere a discrição; o terrorista quer o espetáculo do terror, porque quer gerar medo. E, através do medo, a mudança.

O terrorista é, portanto, um antipolítico por natureza.

Ok, agora vamos ao Movimento dos Trabalhadores Rurais Sem Terra (MST). O grupo não tem uma formação jurídica própria. Ele é, basicamente, um agrupamento de pessoas. O que estas pessoas querem? Sucintamente, o objetivo imediato é a reforma agrária. O objetivo mediato é a revolução socialista.

A reforma agrária é um tema conturbado no Brasil. Historicamente, entendeu-se que o país tinha uma distribuição injusta de terras, com grande concentração nas mãos de poucos. O país tinha muitos latifúndios improdutivos. A questão da reforma agrária, aliás, foi uma das que motivou os tumultos do governo de João Goulart. A Constituição de 1988 avançou bastante no tema; permitiu que a União fizesse reforma agrária pagando em títulos de dívida, por meio de um procedimento sumário. O que a Constituição de 1988 não permite é que seja desapropriado para reforma agrária o imóvel rural produtivo, tampouco a pequena propriedade rural.

Note-se: o principal vilão do MST é o agronegócio. Ocorre que o agronegócio não pode ser improdutivo, ou seja, o agronegócio usa tecnologia intensiva para explorar ao máximo a terra. Não sendo improdutivo, suas terras não podem ser usadas para reforma agrária. É falso dizer que não se faz reforma agrária no Brasil. Até agora, foram desapropriadas mais de 7.000 propriedades, somando mais de 80 milhões de hectares, para a reforma agrária.

A questão permanece: o MST é terrorista? Bem, o MST age fora da lei. Ele sequer tem personalidade jurídica. O MST escolhe as terras que, na opinião dele, devem ser alvo de reforma agrária, ignorando os critérios constitucionais. Ignora, portanto, a ordem jurídica do Estado brasileiro. O modo de agir do MST também é violento: ele opera por meio de invasões. O MST não reivindica os seus direitos por meios políticos ou jurídicos, mas através da força.

O movimento tem uma retórica muito própria, formada por jargões típicos de movimentos de esquerda. Eles têm uma escola de formação cuja principal tarefa é preparar novos militantes. Essa escola de formação faz forte doutrinação esquerdista. De novo, o método do MST é violento: invadem propriedades, queimam, espancam, ameaçam pessoas etc. Em um primeiro momento, se formos nos basear no que diz, sei lá, o Chico Buarque, pode parecer que o MST é um grupo de pessoas que dá as mãos e canta *"Imagine"*, do John Lennon. Longe disso. Eles batem, saqueiam e ameaçam.

Segundo o jornalista Reinaldo Azevedo, em texto de 31 de julho de 2020, o MST, ao invadir fazendas do banqueiro Daniel Dantas – e é evidente que não estou discutindo se Daniel Dantas é ou não boa pessoa –, foi extremamente violento. Cito Reinaldo Azevedo:

> Desta feita, segundo as vítimas, a ação foi praticada por homens encapuzados e armados. Fizeram o diabo: derrubaram e queimaram casas com os tratores das propriedades, puseram fogo nos veículos, roubaram gado, ameaçaram de espancamento mulheres, crianças e velhos, que tiveram de fugir, e agrediram alguns homens (AZEVEDO, 2009).

O que o MST quer, afinal? Não parece que é a reforma agrária. O que o MST quer é uma mudança abrupta na ordem jurídica e política do país. O MST não aceita os preceitos da Constituição de 1988.

Como o MST age? Pela violência, mas mais do que isso, pela disseminação do medo. A ideia do MST é que ninguém está seguro: a qualquer momento, eles decidem se uma propriedade é improdutiva, de acordo com seus próprios critérios, e invadem-na, usando violência.

Mesmo a paz é efêmera: eles podem, a qualquer momento, considerar que o Estado brasileiro está errado e voltar a ignorar a ordem jurídica. Há semelhança com outros movimentos terroristas, como o Grupo Baader-Meinhof e o IRA, no sentido de desafiar a ordem jurídica, usar a violência como instrumento de mudança política, fazer uma pesada doutrinação – invertendo o sentido das palavras e se dizendo vítima de violência quando, na verdade, são eles quem agridem civis, muitas vezes com aquela velha desculpa para atos violentos de que "não se pode confundir a reação do oprimido com a ação do opressor" – etc.

É certo que a semelhança não é total: o MST não ataca civis a torto e a direito; os ataques se dão apenas no contexto das invasões. Você não vê bandos do MST entrarem em fazendas, agredirem pessoas e saírem sem mais nem menos. Nesse sentido, eles se diferenciam de um grupo como o Baader-Meinhof.

É possível tipificar as ações do MST na lei de terrorismo. O art. 2º afirma que, para a tipificação do terrorismo, é necessário que uma das ações típicas seja acompanhada do dolo específico de provocar terror social ou generalizado, que é o que caracteriza um movimento terrorista – e é exatamente o que o MST faz. O inciso IV fala de apropriação de instalações, inclusive de rodovias, coisa que o MST já fez várias vezes. O MST também já invadiu bancos, o que é tipificado no inciso IV. O inciso V fala em atentar contra vida ou integridade da pessoa, o que o MST faz com frequência.

Daí se conclui que, mesmo com as falhas nas tipificações da lei de terrorismo – muito malfeita, diga-se –, o MST poder ser considerado terrorista. Ainda que façam lindas rodas de violão ou promovam inspiradoras rodas de ciranda.

Referências

AZEVEDO, Reinaldo. "O MST e o terrorismo oficializado". *Veja*. 05 nov. 2009. Disponível em: <https://veja.abril.com.br/blog/reinaldo/o-mst-e-o-terrorismo-oficializado/>. Acesso em: 05 ago. 2021.

G1 Itapetininga e Região. "Integrantes do MST invadem banco e protestam contra governo Temer". *G1*. 09 jun. 2016. Disponível em: <http://g1.globo.com/sao-paulo/itapetininga-regiao/noticia/2016/06/integrantes-do-mst-invadem-banco-e-protestam-contra-temer.html>. Acesso em: 05 ago. 2021.

INCRA – Instituto Nacional de Colonização e Reforma Agrária. *Números da Reforma Agrária*. Disponível em: <https://antigo.incra.gov.br/pt/numeros-reforma-agraria>. Acesso em: 05 ago. 2021.

MST – Movimento dos Trabalhadores Rurais Sem Terra. "MST bloqueia estradas e realiza ato internacional em memória dos 25 anos de Eldorado do Carajás". *MST*. 17 abr. 2021. Disponível em: <https://mst.org.br/2021/04/17/mst-bloqueia-estradas-e-realiza-ato-internacional-em-memoria-dos-25-anos-de-eldorado-do-carajas/>. Acesso em: 05 ago. 2021.

RIZÉRIO, Lara. "Líder do MST ameaça "ocupar todos os prédios públicos" e 'tocar fogo na Globo' após voto de Rosa Weber". *InfoMoney*. 04 abr. 2018. Disponível em: <https://www.infomoney.com.br/politica/lider-do-mst-ameaca-ocupar-todos-os-predios-publicos-e-tocar-fogo-na-globo-apos-voto-de-rosa-weber/>. Acesso em: 05 ago. 2021.

RODRIGUES, Flavio. "Governo compra mais terras do que desapropria". *Consultor Jurídico*. 12 dez. 2009. Disponível em: <https://www.conjur.com.br/2009-dez-12/lula-destinou-40-milhoes-hectares-terra-reforma-agraria>. Acesso em: 05 ago. 2021.

WENDEL, Bruno. "Sequestro, susto e espancamento: famílias de Prado acusam MST por expulsão". *Correio 24 horas*. 15 abr. 2021. Disponível em: <https://www.correio24horas.com.br/noticia/nid/sequestro-susto-e-espancamento-familias-de-prado-acusam-mst-por-expulsao/>. Acesso em: 05 ago. 2021.

27.
PT TEM NATUREZA TOTALITÁRIA E NÃO DEVE JAMAIS SER SUBESTIMADO

O principal partido da esquerda brasileira é o Partido dos Trabalhadores (PT). A legenda governou o país durante mais de 13 anos e sofreu uma grande derrocada depois de protagonizar o maior escândalo de corrupção do país. Os petistas agora usam o desastre promovido por Bolsonaro no poder para vender uma imagem de equilíbrio, de defesa do diálogo e da democracia. Está dando certo. Isso porque, perto de Bolsonaro, qualquer coisa parece razoável. Esse capítulo tem o objetivo de mostrar as razões pelas quais o PT deve ser considerado um dos maiores riscos para o futuro da democracia do país.

Vamos voltar um pouco na história: o PT nasce nos anos de 1980, com a abertura promovida no governo Geisel-Figueiredo, que acaba com o bipartidarismo, e é formado pela união de três setores: intelectuais, sindicalistas e católicos. No entanto, precisamos analisar bem o que significa cada um destes "setores". Isso é, em geral, mal compreendido pela mídia e pelos próprios críticos do PT:

1. Por sindicalistas entenda-se o movimento operário com base no ABC paulista – origem política de Lula. Porém note que tal movimento, lá atrás –quando da primeira industrialização brasileira – era comunista, ligado ao "partidão", o PCB, deixando de ser quando o partidão caiu na clandestinidade. Assim, os sindicalistas têm como pauta os direitos trabalhistas e a melhoria salarial – fim do arrocho. Em um primeiro momento, parecem democráticos, mas perceba que eles não têm muito apreço por democracia formal. Diferente da social democracia europeia, eles não surgem querendo negociar um meio termo entre socialismo e capitalismo, mas para atingir seus fins por meios revolucionários;
2. Por católicos entende-se a teologia da libertação. Trata-se de movimento pastoral surgido na segunda metade do século XX, que prega uma 'opção preferencial pelos pobres'. Esse movimento pretendia fazer uma releitura do Concílio Vaticano Segundo a fim de tornar a Igreja Católica mais militante e radical. Dentre outras características, podemos citar: a) ênfase no trabalho social; b) um certo menosprezo pela liturgia e pela teologia; c) alguma quebra de hierarquia, apesar de discreta; d) um movimento em prol de uma "protestização" da Igreja Católica, com possibilidade de as próprias comunidades escolherem os padres e bispos; e) uma releitura da doutrina marxista, que passa a ser vista como católica e não mais como herética. Pode-se perceber que Marx e os "despossuídos" (aqueles que não têm propriedade dos meios de produção e que muitas vezes são marginalizados – semelhantes ao "proletariado", mas não necessariamente parte da mão de obra industrial) são tratados

como os verdadeiros cristãos; f) ênfase no fato de que o cristão deveria ser um ativista político; g) formação de comunidades eclesiais de base, que eram comunidades de auto-organização da Igreja e dos pobres. Cumpre lembrar que o Vaticano condenou a Teologia da Libertação; o cardeal Ratzinger – que se tornou o papa Bento XVI – levou o brasileiro Leonardo Boff à Inquisição e o condenou. Ratzinger afirmou que a doutrina era marxista em essência, que classificava o "povo" como qualquer pessoa "oprimida" e pregava que a Igreja hierárquica era contrária aos interesses do "povo". É importante frisar que parte dos movimentos católicos ligados à teologia da libertação apoiaram guerrilhas na Guerra Fria;
3. Por intelectuais entendem-se grupos específicos ligados à PUC-SP, à USP e a outras universidades relevantes, historicamente ligadas à doutrina marxista, perseguidas pela ditadura militar e que, com a abertura de Geisel-Figueiredo, puderam voltar a se organizar.

Percebe-se, portanto, que o PT sempre teve muito arraigada a doutrina marxista. É certo que a forma como ele a implementou difere da ortodoxia do "partidão" do meio do século; o PT era mais pragmático, preferia ganhos concretos – direitos trabalhistas –, tinha uma retórica mais melosa – defesa dos pobres ao invés de revolução – e menos dogmática – conceitos como "luta de classes" eram trabalhados sempre na linha de defesa e promoção das "classes populares".

O fato é que o PT sempre desprezou a democracia ocidental. Neste ponto, é parecido com os tradicionais partidos comunistas. Isso fica claro quando o PT deixa de assinar a Constituição de 1988. Ainda, quando FHC chega ao poder na eleição de 1994, em primeiro turno, o PT logo passa a defender a sua retirada da presidência – lembra da história de que *impeachment* sem crime de responsabilidade é golpe? Pois bem, PT pediu o *impeachment* de todos os presidentes não petistas, simplesmente por... não serem petistas. Isso porque o partido não entende como legítima qualquer liderança que não seja "popular" – ou seja, alinhada a ele.

Durante a década de 1990, o PT especializou-se em dois pontos:

1. Oposição radical. O que não era PT era inimigo da "classe trabalhadora" e, portanto, antiético e imoral. FHC foi eleito duas vezes no primeiro turno, mas mesmo assim não era legítimo porque defendia o "interesse dos ricos", apesar de ter resgatado o poder de compra dos mais pobres numa das iniciativas mais benéficas aos mais pobres da história do país, o Plano Real, e de ter criado programas como o Bolsa Escola e o Vale Gás, depois apropriados pelo PT sob o nome de Bolsa Família;
2. Formação de vocabulário próprio. Isso provou-se utilíssimo. A partir de então, o PT passou a pautar o debate público. "Neoliberalismo", por exemplo, que é um termo sem o menor sentido – desafio qualquer esquerdista a encontrar um autor que se autodenomine neoliberal e de apontar as diferenças entre esse tal neoliberalismo e o liberalismo –, passou a dominar o debate público; se o PT te considerasse "neoliberal", você teria que passar o resto da sua vida explicando o porquê de não ser "neoliberal" e mostrando que você era bonzinho e se importava com os pobres. "Imperialismo" também era qualquer relação diplomática e comercial com os países ricos. Foi por meio

desta retórica que o PT pôde se opor e desqualificar a Lei de Responsabilidade Fiscal como algo que interessava aos "banqueiros", o que não faz sentido. Como um descontrole fiscal seria bom para os mais pobres?

Essa questão do controle do vocabulário é a mais importante de todas. O PT tonificou o mito – que vinha desde a Guerra Fria – de que o "jovem" era anticapitalista e naturalmente propenso às esquerdas e, portanto, ao PT. Um dos motivos pelo qual o PT odeia o MBL é o fato de o MBL ter quebrado esta retórica; quando surgiu um grupo de jovens de direita, o PT ficou desnorteado. Antes do MBL, você não podia se declarar favorável ao capitalismo, conservador, liberal ou tendente à direita, ao menos não sem pedir desculpas ou ser tachado de viúva da ditadura. Conforme o MBL e outros grupos introduzem essa possibilidade, o PT perde, ao menos em parte, a hegemonia discursiva que conseguiu nos anos de 1990 e é forçado a participar do debate de igual para igual, não como um censor poderoso.

Em 2002, como se sabe, Lula ganha as eleições presidenciais. Para tanto, Lula redigiu um documento, a "carta aos brasileiros", destinado a acalmar os empresários, "a elite". Basicamente, o documento afirmava que os fundamentos macroeconômicos de FHC seriam mantidos – controle inflacionário, Lei de Responsabilidade Fiscal etc., todas pautas que sofreram forte oposição do PT, diga-se. Trata-se de mais uma amostra do pragmatismo petista. Setores ideológicos do partido ficaram ensandecidos, com razão – como, de repente, passar a defender pautas que antes eram, no discurso, frutos de interesses obscuros de empresários "malvadões" e americanos imperialistas? –, mas, no universo petista, o pragmatismo vence a ideologia. De novo, o

PT não é o "partidão". A "carta aos brasileiros" vige até 2020, com o lançamento do novo plano PT, do qual trataremos adiante.

Com a vitória de Lula, o PT passa a ser governo e entra em uma nova era, mudando radicalmente sua postura, seu discurso e sua prática. Eis as principais características do lulopetismo:

1. Discurso agressivo. Sempre há um vilão, "azelite", e uma vítima, "os trabalhadores". Dissidências internas são muito mais combatidas do que o inimigo externo, que é mais combatido em discurso do que na prática. Alguma semelhança com líderes comunistas totalitários? Os petistas buscavam aniquilar lideranças de esquerda que pudessem se contrapor a Lula, como Marina e Ciro, colocar a imprensa como inimiga do país e serviçal das elites – quem lembra da expressão PIG, Partido da Imprensa Golpista?, aliás, bem semelhante ao bolsonarismo – e jogar a responsabilidade de todos os problemas de seus governos nos tucanos, que faziam papel de Goldstein – vide "1984", de George Orwelll;
2. Messianismo. Lula é o ungido para vingar "o povo" contra "a elite". O debate deixa de ser político, sobre divergências de visões de mundo, e passa a ser sobre caráter, intenções; transforma-se numa luta do bem contra o mal. O bom e velho discurso do "nós contra eles". Hoje, os petistas discursam contra o ódio e contra a polarização, mas foram eles mesmos que dinamitaram as pontes da política e da democracia para transformar todos os seus adversários políticos em inimigos a serem eliminados. Discordou do PT? Só pode ser mau caráter, mandem para o *"paredón"*!;

3. Tensão de rompimento. A democracia constitucional só é valorizada à medida em que permite ao PT avançar com seu programa. A imprensa, em especial, sempre esteve na mira do PT, porque o partido é avesso ao sistema de livre imprensa e de livre crítica. Este é um ponto importante. O país ficava sempre ameaçado. De repente, aparecia o "exército de Stédile", o "controle social da mídia", uma "aliança bolivariana", um "terceiro mandato", uma "constituinte exclusiva" etc. Você nunca tinha plena paz institucional. Veja que curioso o paralelo que conseguimos traçar com a estratégia bolsonarista, que toda semana vem com uma surpresa envolvendo "fechamento do STF", "tribunal militar para corruptos", "fraude nas eleições" etc.;

4. Populismo econômico. Apesar de, num primeiro momento, manter de pé o tripé macroeconômico, governos petistas sempre evitavam enfrentar problemas econômicos estruturais – questão tributária, infraestrutura, dívida pública etc. –, mas setores econômicos especiais, em geral grandes empresários próximos do governo, têm benesses: empréstimos subsidiados pelo BNDES, renúncia tributária ou obras do Programa de Aceleração ao Crescimento (PAC), só para citar alguns exemplos, conseguindo gerar certa euforia econômica de fôlego curto;

5. Política externa radicalizada. Sob o lema da "integração latina", o PT apoia o que há de pior no mundo: ditaduras, terroristas etc. Na política externa, o PT pôde mostrar o seu verdadeiro desprezo pela democracia. Pode-se dizer que a política externa foi dividida em duas: a oficial, tocada pelo Itamaraty e moderada – imagem do Brasil amigo do mundo e defensor de fóruns multilaterais – e a petista, tocada por Marco Aurélio Garcia;

6. Uso de vocabulário próprio, colocando os opositores na defensiva;
7. Corrupção como política de governo. A questão aqui não é que o PT se corrompeu. Uma análise ingênua pode entender que o PT foi hipócrita pois, na era FHC, pregava uma pureza absoluta e, no governo, teve práticas nada republicanas. Mas, reitero, essa é uma análise ingênua. Para o petismo, isso é muito natural. O petismo tem uma faceta pragmática, que o diferencia do "partidão" do meio do século. Ademais, os petistas não veem o PT como mais um partido do jogo parlamentar, mas sim como um veículo de transição para um novo regime. O partido estaria, então, autorizado a usar de métodos ilegais porque tem fins nobres. Perder o poder não é uma opção – tanto é que eles, ao saírem do poder, usaram a narrativa do "golpe", o que faz total sentido do ponto de vista do projeto de poder do partido. Assim, governar pagando propina para o centrão é tão natural quanto matar adversários numa revolução.

Seguindo esse raciocínio, é perfeitamente normal que o PT ainda hoje afirme que o mensalão foi uma invenção "das elites" e que Lula foi condenado "sem provas", aliás, o próprio Lula anda dizendo por aí que foi absolvido, o que obviamente é mentira. Todas as vezes em que provas foram analisadas sobre o caso do sítio e do tríplex ele foi condenado pela conduta. A discussão que há é sobre a forma, mas nenhum juiz manifestou dúvida sobre Lula ter cometido os crimes pelos quais foi acusado.

De novo, o que precisa ser entendido é que o PT não se vê como mais um ator político, que deve disputar o poder legitimamente, seguindo as regras da Constituição. O PT se vê como vocacionado para levar o Brasil a uma era de justiça social, mesmo que – ou necessariamente com o – rompimento institucional. Assim, o partido não se submete às regras normais. Se algo vai contra o partido, o algo está errado, necessariamente.

Com a saída de Lula, elegeu-se Dilmãe. Grave erro. Ela, além de ter um raciocínio, digamos... peculiar (peculiarmente confuso), não era petista. Historicamente, ela pertenceu ao brizolismo. O PT, no entanto, entendia que era fácil controlá-la. Não foi. Nunca é fácil controlar malucos. O que ocorreu na era Dilma foi um colapso natural: a política econômica não deu certo porque, na era Lula, os problemas estruturais do país não foram resolvidos e, com o fim da euforia das *commodities*, o Brasil ficou para trás. Além disso, diferente de Lula, Dilma realmente acredita que o intervencionismo econômico funciona. Lula sempre teve o cuidado de promover seu populismo fiscal mantendo alguns liberais na retaguarda para a coisa não desandar de vez. Dilma era mais ideológica. O Estado inchado arrastou o país para o fundo da lama, Dilma não tinha nem a retórica sedutora nem o traquejo político de Lula, que estava mais preocupado em livrar-se da cadeia que em preservar o projeto de poder petista.

O governo Dilma, sem maiores opções, ensaiou uma aproximação com a pauta identitária – que nunca foi a prioridade do PT. Fez a Lei de Cotas em 2014 e afirmou que o "golpe" era machista. Dilma era uma liderança tão artificial que, abandonada pelo partido, não fez mais nada. Caiu no completo esquecimento. Tentou eleger-se ao Senado por Minas Gerais, disparou na frente devido ao *recall*, mas terminou em um melancólico terceiro lugar.

Na oposição, o PT tentou reorganizar a sua retórica – sua arma mais poderosa – tal e qual fez na era FHC. Assim, o "Fora FHC" virou "Fora Temer". O PT passou a odiar a chamada "nova direita", formada em especial pelo NOVO e pelo MBL, porque essa direita fez o que não fizeram na década de 1990: desafiar a hegemonia discursiva.

Assim, o PT entra em sua nova fase, que é uma volta à radicalização.

Haddad perde a eleição para Bolsonaro. Vale ressaltar que, mesmo no seu pior momento, pós-derrota em eleição presidencial e prisão do Lula, o PT ainda elegeu a maior bancada para a Câmara dos Deputados, com a estratégia de lançar ex-prefeitos, ex-governadores e ex-senadores à Câmara Baixa para garantir tempo de televisão e fundo eleitoral. Deu certo. Mesmo no fundo do poço, o partido ainda era a força mais poderosa da Câmara. Pode-se dizer muito sobre os petistas, menos que são amadores. Inicia-se, então, uma reorganização do PT. Esta reorganização tem como base um documento lançado por Mercadante e Gleisi. Basicamente, o documento propõe uma radicalização nos seguintes termos:

1. Adoção das políticas identitárias, que antes eram domínio do PSOL;
2. Rompimento dos fundamentos macroeconômicos de FHC, com revogação da Lei de Responsabilidade Fiscal e da Emenda 95, do endividamento e da inflação, desde que seja para promover um populismo econômico que crie euforia de curto prazo para os pobres;
3. Controle de imprensa – o partido se arrepende abertamente de não tê-lo feito antes;

4. Redistribuição de renda e patrimônio – "patrimônio" é novidade;
5. "Regulamentação das mídias sociais";
6. Adoção de "controle popular" do Judiciário e do MP;
7. Nova Constituinte, capitaneada pelo PT.

Mas essa radicalização é só retórica? Para alcançar o poder, Lula não lançará uma nova "carta aos brasileiros"? É provável que sim, mas o discurso democrático e equilibrado só dura até a ascensão do partido ao poder, como já vimos no passado. Lula se arrepende de não ter radicalizado com a imprensa e com o Judiciário quando estava no poder e não vai perder a chance de fazê-lo agora. O PT entende que a manutenção da política macroeconômica de FHC acabou por derrubar Dilma quando houve o fim da euforia das *commodities*. O PT está furioso com a perda de poder. Não só do poder real (da presidência), mas do monopólio retórico-narrativo, bem como da necessidade de dividir espaço com seus antigos partidos-satélites (PSOL). Então é provável que a radicalização seja real.

O PT não é apenas um partido de esquerda que possui uma visão de mundo diferente da dos liberais e conservadores e que disputa no campo das ideias. O PT é um projeto de poder totalitário e corrupto, muito bem articulado, e que agora está com sangue nos olhos para vingar-se de tudo o que aconteceu com o partido durante o *impeachment* e a prisão de Lula. Sei do que estou falando. Literalmente senti na pele o que o PT faz com seus adversários. Desde ligar uma máquina de assassinato de reputações financiada com dinheiro público, até mover processos, colocar seus movimentos terroristas para agredir até mulheres – como quando acampamos em frente ao

Congresso Nacional, o líder do PT, Sibá Machado, ameaçou "ir para o pau" com o MBL. No dia seguinte, lá estava o MTST lançando rojões, paus e pedras contra homens e mulheres que só queriam protestar pacificamente. Cheguei até a ser atropelado na estrada de Abadiânia para Alexânia, ambas cidades goianas, por um militante do MST. Isso sem falar nas vezes em que militantes petistas se juntavam em grupos para nos agredir, inclusive com garrafas de vidro sendo quebradas em nossas cabeças. O Ministério da Justiça de Dilma chegou a me investigar e a produzir dossiês contra mim para que o governo pudesse utilizar em sua campanha de destruição de reputação. O máximo que encontraram foi um sujeito que se negava até a passar cola na época da escola.

Há necessidade de expor à sociedade a radicalização do PT, de constrangê-los e de não dar a eles novamente o monopólio retórico--narrativo. Ainda, a volta do PT ao poder é perigosa porque pode significar uma nova ascensão da esquerda na América Latina, e certamente as forças de esquerda vão agir de forma mais coordenada, saindo em auxílio mútuo sempre que houver ameaça à sua hegemonia.

28.
ESQUERDA BRASILEIRA REVIVE STALIN. ENTERREMOS O ZUMBI ENQUANTO É TEMPO

Caetano Veloso está de volta à arena intelectual. Sim, Caetano continua palpitando sobre política, sem o menor conhecimento teórico, apenas utilizando sua exposição midiática e seu prestígio artístico como argumento de autoridade para suas posições políticas mal fundamentadas. Em um desses palpites, criticou os chamados "liberaloides" e elogiou um professor de história, chamado Jones Emanuel, que defende Stalin com unhas e dentes.

E daí, Kim? Não pode defender Stalin? Olha, até pode, mas antes temos que entender quem foi Stalin e o que foi o stalinismo. Vamos ver, resumidamente, quem foi o herói de Caetano Veloso e Jones Emanuel.

Stalin nasceu na República da Georgia. O pai era sapateiro – para você ver que canalhice e perversão não têm classe social – e a mãe dona de casa. Com o tempo, o pai começou a beber e a ficar violento, o que fez com que a mãe dele abandonasse o lar, levando Soso – o apelido de Stalin, quando criança. Stalin viveu com a mãe numa pobreza desgraçada, até que foi estudar em um colégio de padres. Lá, foi classificado pelos padres como um menino talentoso e inteligente, mas brigão. Já adolescente, continuou inteligente, mas perdeu o interesse pelos estudos e pela religião, tornando-se ateu. Abandonou a escola.

Jovem, envolveu-se com o ascendente movimento comunista russo. A fim de viabilizar o movimento – que à época congregava Mencheviques e Bolcheviques, depois inimigos –, Stalin se envolveu em atividades criminosas, como roubos e sequestro de crianças.

Stalin foi preso diversas vezes e enviado para colônias penais longínquas, em geral na Sibéria ou no círculo ártico. Apesar de ser deficiente físico – teve um braço inutilizado num acidente – e de não ter boa saúde, Stalin sobreviveu sem problemas às colônias penais, escapando reiteradamente. Aparentemente, ele chegou a ter casos com algumas mulheres, e mesmo filhos, que sempre abandonava.

Sem querer psicologizar, mas Stalin parece ter o apelido certo para sua personalidade. Stalin é um apelido que significa "homem de aço", e, de fato, ele parece ser extremamente frio, o que foi uma vantagem durante esta fase da sua vida, em que enfrentou condições duras. Por exemplo, não parece que o fato de um filho, que teve durante o exílio, ter morrido logo após o parto o abalou. Quando ele ficou preso em uma colônia penal do Ártico, aprendeu a pescar, provavelmente no gelo, e não consta que tenha tido grande estresse. Nessa época, aliás, teve um filho com uma menina de 13 anos.

Stalin conhece Lenin em 1905 e tem por ele uma admiração grande, mas não hesita em expressar sua discordância quanto a alguns temas. Quando a revolução russa acontece, Stalin está preso, mas sua pena está prestes a expirar. Ele logo se junta a Lenin e vira editor do Pravda, jornal oficial cujo nome significa "verdade". Bom nome para um jornal, não?

Stalin era do círculo íntimo de Lenin, junto de Trotsky, e era considerado uma liderança muito importante no partido comunista. No fim da vida de Lenin, houve estranhamentos com Stalin, por conta de desentendimentos políticos. Lenin também passou a desgostar de Stalin pessoalmente, tendo-o classificado como grosseiro e excessivamente brutal, em parte por conta do apoio irrestrito de Stalin ao Terror Vermelho, que foi a campanha de terrorismo de Estado bolchevique.

Durante a guerra civil russa que se seguiu à revolução, Stalin perseguiu implacavelmente os mencheviques e outros adversários. Determinou fuzilamentos sumários. Stalin acreditava que, se o terror de estado serviu aos regimes capitalistas, também serviria aos regimes socialistas. Durante a guerra civil, ele determinou que alguns vilarejos fossem incendiados, a fim de firmar o Terror Vermelho.

Bem, agora que vimos o começo da vida desse fofo chamado Stalin, vamos ver como se deu sua ascensão ao poder.

A morte de Lenin expôs uma série de documentos de autenticidade disputada que ficaram conhecidos como "testamento de Lenin". Nestes documentos, Lenin expunha que Stalin não seria uma boa opção para comandar a recém-nascida URSS. Apesar disso, Stalin ascende ao poder e logo começa um confronto contra a facção comandada por Trotsky. Apesar de ter ameaçado renunciar diversas vezes, acredita-se que isso era apenas bravata. Stalin consegue a expulsão de Trotsky e seus aliados do comitê central. Em 1929, eles são expulsos da URSS. Consolidando seu poder na década de 1930, nosso homem de aço ataca os kulaks – a burguesia rural que utilizava mão de obra assalariada – e determinando a coletivização da produção agrícola. Muitos kulaks são presos e muitos morrem no caminho para a colônia penal. Para a surpresa de ninguém, a coletivização agrícola falha e a fome se instaura. Stalin então declara o fim da NEP – Nova Política Econômica, de Lênin – e a substituição da economia de mercado, tida por irracional, pelo planejamento central. É lançado o primeiro plano quinquenal, planejamento econômico central feito de cinco em cinco anos, com foco na industrialização da URSS.

Stalin afirma que, enquanto o capitalismo desmorona por conta da crise de 1929, o socialismo prospera. Nesse primeiro estágio do socialismo, Stalin diz que é natural que haja disparidade salarial. Nesse período, começam as práticas totalitárias. Ele propõe a criação do "novo homem soviético" e dá início, no fim da década de 1929, ao *show trials*. Eram julgamentos de fachada, feitos para serem espetaculares, em que todos já sabiam os resultados de antemão – por alguma razão, lembrei-me do episódio "*White Bear*" da série *Black Mirror*, disponível na Netflix. A esposa de Stalin não aguenta mais conviver com ele e se suicida. O filho dele tenta se suicidar e, como falha, Stalin passa a desprezá-lo. O líder supremo soviético torna-se ainda mais frio.

Vamos agora ao período totalitário.

Na década de 1930, Stalin, já quase sem oposição interna, abraça o totalitarismo. Toda dissidência é esmagada. Stalin se torna paranoico e qualquer membro do governo pode ser preso por quase nada. Os julgamentos são todos *shows trials*. Membros do partido comunista são presos, exilados ou executados. Stalin, cada vez mais paranoico, deixa de sair em público.

A paranoia, aliás, toma conta do aparato burocrático. Servidores começam a denunciar falsamente colegas por medo de serem denunciados antes. Todos tentam entrar nas graças de Stalin para impedir que sejam presos e exilados sem motivo.

Entre 1932-33, Stalin promove o Holodomor, uma espécie de punição à Hungria por meio da fome. 3,5 milhões de pessoas morrem diretamente.

Entre 1936-38, Stalin faz o grande expurgo, que inclui matanças étnicas. Mais de 1 milhão de pessoas morrem no grande expurgo. A mera suspeita, mesmo que infundada, de ser dissidente, leva à morte. Diversas minorias étnicas viram alvo. Intelectuais são perseguidos. Asiáticos (mongóis) são perseguidos. Enquanto o totalitarismo promove o seu reino de terror, Stalin faz o culto à sua personalidade. A arte soviética limita-se a retratá-lo como um herói mítico, um quase Deus.

Surge então a Segunda Guerra Mundial, que Stalin vê como uma chance de promover os interesses soviéticos. Firma com Hitler um pacto de não-agressão – o famoso pacto Molotov-Ribbentrop. A despeito do pacto, Hitler ataca a URSS, forçando-os à guerra. Aqui é importante lembrar os stalinistas de plantão que o líder soviético não tinha nenhum problema em fazer política de boa vizinhança com Hitler, e provavelmente jamais teria se envolvido na guerra se o pacto não tivesse sido quebrado. Ressalto esse fato porque, vez ou outra, escuto um comunista dizer que, não fosse a atuação de Stalin, o nazismo teria prosperado. Entendam: o conflito da URSS com o Terceiro Reich não foi um conflito sobre valores, princípios, direitos humanos. O conflito foi fruto de uma conjuntura específica, não de divergência ideológica entre os líderes das suas potências.

Apesar da enorme brutalidade da guerra no leste europeu e das baixas pesadíssimas sofridas pela URSS, esta consegue se sagrar vitoriosa. Ao final, o exército soviético invade Berlin e seu soldados promovem o estupro de praticamente todas as alemãs. Ao ouvir tais notícias, Stalin se limita a achá-la engraçada e dizer *"and what is so awful in his having fun with a woman, after such horrors"* [e o que é tão horrível em se divertir com uma mulher, depois de tantos horrores]. Bem, aparentemente Stalin classificava estupro como uma forma de diversão. As feministas de hoje deveriam abominar Stalin por conta disto, mas não tenho certeza se isso acontece...

Finda a guerra, a arte soviética passa a retratar Stalin como um gênio militar, responsável quase único pela vitória. Stalin, porém, continua em sua paranoia e promove um expurgo no próprio exército vitorioso, a fim de que as tropas que retornavam não tivessem nenhuma ideia de tirá-lo do poder.

Stalin morre na década de 1950 e seu sucessor, Khrushchov, promove a "desestalinização".

Gostou de conhecer mais sobre o *Uncle Joe*, leitor? Figura simpática, não? Agora, faça um exercício: feche os olhos e imagine as milhões de vítimas da loucura de Stalin em seus momentos de agonia. Podem ser as vítimas do Holodomor, dos expurgos, dos sequestros etc. Difícil? Bem, podemos adocicar um pouco. Imagine as mesmas cenas, mas, como trilha sonora, ponha uma música bem bonita do Caetano Veloso. Melhorou? Pois bem. O nível de culto à personalidade e de irracionalidade das esquerdas brasileiras é tamanho que uma figura popular como Caetano exalta um "intelectual" stalinista e todo mundo acha normal. Inclusive a imprensa, que não se mostrou nem um pouco escandalizada com Caetano, nem com as *lives* promovidas por Guilherme Boulos com o tal sujeito. Caso qualquer liderança de direita promovesse um evento com um sujeito que defenda a ditadura militar ou os regimes nazifascistas, com certeza isso estaria nas capas dos jornais e o direitista seria questionado sobre o tema à exaustão.

Como trata-se de Caetano e o ditador genocida totalitário ocorre de ser de esquerda, então está tudo bem.

Referências

DJILAS, Milovan, *Conversations with Stalin*, New York, 1962, p. 110.

FEUER, Lewis Samuel. *Imperialism and the Anti-Imperialist Mind*. New Brunswick: Transaction Publisher, 1989. Disponível em (trecho): <https://books.google.com.br/books?id=4uyHHyMoGhMC&pg=PA194&lpg=PA194&dq=%22and+what+is+so+awful+in+his+having+fun+with+a+woman,+after+such+horrors?%E2%80%9D&source=bl&ots=JW-nc0L9YUI&sig=ACfU3U0haSJR-LwuvGxLOS3_vFFDw9Q2_g&hl=pt-BR&sa=X&ved=2ahUKEwjuz4Hz57jxAhVlq5UCHSJm AFYQ6AEwA3o ECAUQAw#v=onepage&q=%22and%20what%20is%20so%20awful%20in%20his%20having%20fun%20with%20a%20woman%2C%20after%20such%20horrors%3F%E2%80%9D&f=false>. Acesso em: 05 ago. 2021.

HASTINGS, Max. *Armageddon*: The Battle for Germany 1944-45. Pan Books, 2004. Disponível em (trecho): <https://books.google.com.br/books?id=Ll6GVfKgoTQC&pg=RA1-PR93&lpg=RA1-PR93&dq=%22and+what+is+so+awful+in+his+having+fun+with+a+woman,+after+such+horrors?%E2%80%9D&source=bl&ots=E2XNw1Zf57&sig=ACfU3U3qzv_aFoNm_9kAHIvV_ShPLQvoMA&hl=pt-BR&sa=X&ved=2ahUKEwjuz4Hz57jxAhVlq5UCHSJmAFYQ6 AEw AXoECAIQAw#v=onepage&q=%22and%20what%20is%20so%20awful%20in%20his%20having%20fun%20with%20a%20woman%2C%20after%20such%20horrors%3F%E2%80%9D&f=false>. Acesso em: 05 ago. 2021.

ROBERTS, Geoffrey. *Stalin's Wars*: From World War to Cold War, 1939-1953. Cornwall: Yale University Press, 2006. Disponível em (trecho): <https://books.google.com.br/books?id=xlRjy4qnH6cC&pg=PP223&lpg=PP223&dq=%22and+what+is+so+awful+in+his+ having+fun+with+a+woman,+after+such+horrors?%E2%80%9 D&source=bl&ots=Cy0GTLP0sp&sig=ACfU3U0XrPv42 H5FzfO_bez_mxpn7v1NAQ&hl=pt-BR&sa=X&ved=

2ahUKEwjuz4Hz57jxAhVlq 5UCHSJmAFYQ6AEwBXoECAYQAw#v=o nepage&q=%22and%20what%20is% 20so%20awful%20in% 20his%20 having%20fun%20with%20a%20woman%2C%20after% 20such%20 horrors%3F%E2%80%9 D&f=false>. Acesso em: 05 ago. 2021.

29.

DIREITA DEFENDE DESTRUIÇÃO AMBIENTAL EM TROCA DE DESENVOLVIMENTO ECONÔMICO?

O tema "energia" tornou-se uma luta do bem contra o mal. A discussão – como quase todas as outras atualmente – foi infantilizada, colocando-se as partes em dois campos antagônicos: os que são favoráveis ao meio ambiente e os que são favoráveis ao desenvolvimento.

Obviamente, essa divisão não tem o menor sentido. É perfeitamente possível querer gerar mais energia, a um preço menor, favorecendo todo o tipo de consumidor – residências, comércio, indústria – e, ao mesmo tempo, ter uma preocupação com o meio ambiente. Basta sermos racionais, abandonarmos extremismos e pontos de vista maniqueístas e nos embasarmos em opiniões técnicas.

Nos Estados Unidos, um debate muito enérgico – sim, a piadinha foi intencional – a respeito da matriz energética está sendo travado. Muitos subsídios são dados à geração de energia limpa, que é feita por placas solares e usinas eólicas. Por outro lado, diz-se que tal modalidade de geração de energia ocupa muito espaço, consome muito dinheiro e dá pouco retorno. Há ainda a discussão do prejuízo ambiental causado pelo descarte dessas placas, que não possuem tecnologia suficiente para serem duradouras. Para os críticos, o melhor seria continuar forçando a eficiência de carros, trens, aviões, máquinas e eletrodomésticos – que hoje consomem muito menos energia do que no passado.

Quem está certo? Vamos, por um momento, deixar de pensar em um problema político como se ele fosse um jogo de futebol. Veremos que a solução passa pelo bom e velho senso comum.

As máquinas estão cada vez mais eficientes, ou seja, fazem mais com menos energia. Isso é extremamente importante, porque a energia que geramos é mais bem utilizada. Portanto, devemos continuar incentivando o bom desempenho energético de todo o tipo de máquina. Isso, por si só, já é uma revolução energética. Importante ressaltar que os países comunistas/socialistas são aqueles que, na história, mais destruíram o meio ambiente em razão das suas fábricas primitivas e métodos predatórios de exploração de recursos naturais. O capitalismo não foi responsável pelo aumento na destruição ambiental, pelo contrário, foi em razão dele que desenvolvemos tecnologia que nos permite produzir mais com menos, entregar mais qualidade de vida para uma quantidade maior de pessoas sem ter de causar tanto impacto ao meio ambiente. Este mesmo capitalismo que permitiu o desenvolvimento de matrizes energéticas limpas e renováveis.

De outro lado, é importante usarmos fontes alternativas de energia. Por "alternativas", significa alheias ao petróleo e ao carvão, renováveis e não poluentes. É verdade que as placas solares não são muito eficientes – com a significativa desvantagem de não produzirem energia despachável, ou seja, não é possível, com a tecnologia atual, garantir que 100% da matriz energética seja solar porque, por óbvio, só há sol durante o dia e há dias nublados, o que, num ambiente de baterias caras e altamente poluentes, torna necessário o uso de combustíveis fósseis e hidrelétricas –, mas elas também são relativamente novas; como todas as máquinas, elas vão melhorar com o tempo. Diga-se o mesmo em relação à energia eólica.

Há, porém, um ponto em que ambos os lados do debate parecem concordar – e sem razão: a demonização da energia nuclear. A energia nuclear é limpa – sim, ela não emite carbono – e segura; ademais, uma usina gera muita eletricidade e a geração não depende de condições climáticas, ou seja, é estável e confiável.

Os problemas apontados nas usinas nucleares são, basicamente, a possibilidade de o material vazar e o descarte do material usado. Quanto a acidentes, eles são raríssimos e, hoje, as usinas já estão muito mais seguras do que antigamente. Quanto ao descarte do material radioativo, ele é feito de maneira segura: estoca-se o material de forma a contê-lo até que ele deixe de ser radioativo.

As usinas nucleares são uma forma segura de gerar muita energia a um preço razoável. Elas não são a solução mágica e universal para o problema energético; outras formas de gerar energia devem coexistir e serem incentivadas – e nisso incluo as energias solar e eólica. No entanto, negar a possibilidade de que a energia nuclear seja usada para termos um futuro de abundância energética, sem carbono e seguro, é irracional. Trata-se de mero preconceito, sem nenhum fundamento.

Estou certo de que, na questão energética, a tecnologia vai nos salvar. Máquinas mais eficientes, novas tecnologias e o uso racional de uma fonte segura, como a energia nuclear, combinados, vão nos dar um panorama bem melhor. Para isso, precisamos elevar o nível da discussão. Mais estudos, menos Greta Thunberg.

30.

GETÚLIO: ANTES DE TUDO, UM DITADOR

Todo mundo ama Getúlio Vargas. Ele garantiu a dignidade dos mais pobres por meio da promulgação das leis trabalhistas, criou a Justiça do Trabalho, promoveu uma grande onda da industrialização brasileira (indústria de base), conseguiu aumentar a visibilidade externa do Brasil por meio de uma diplomacia bastante cuidadosa, criou a Petrobrás etc. Getúlio é o cara! É o grande brasileiro do Século XX. E tem mais: a esquerda ama Getúlio. Nem tem como ser diferente: Getúlio é o "pai dos pobres", um abnegado que dedicou sua via à melhoria das condições de vida do povo. Getúlio, sem dúvida, é o cara! E isso nem um chato liberal como Kim Kataguiri vai negar, não é mesmo?

Não, leitor, não é. Eu contesto. Os liberais contestam. Getúlio não é o cara; Getúlio está bem mais para um vilão do que para herói. Vamos aos fatos.

O primeiro ponto que deve ser ressaltado quando tratamos de Getúlio é que ele não era nenhum democrata, muito pelo contrário; ele detestava a democracia liberal, seus freios e contrapesos, e queria governar sem oposição – mesmo que para isso precisasse literalmente matá-la.

Getúlio começou sua carreira política no Rio Grande do Sul, na República Velha. O Estado era dominado por oligarquias, das quais se destaca a do governador autoritário Borges de Medeiros, de quem Getúlio era próximo. Vargas sempre foi próximo dos oligarcas gaúchos e se indispôs com os chefes políticos da República Velha porque eles relegaram o Rio Grande do Sul a uma posição secundária. A oposição de Vargas à República Velha não tinha nada de ideológica. Sua insatisfação era não ter nascido em São Paulo ou em Minas Gerais e, portanto, não fazer parte do circuito de poder da política "café com leite". Se ele pudesse se tornar presidente na estrutura apodrecida da República Velha, tê-lo-ia feito. Não o fez porque não pôde e, sem opções, preferiu o caminho da Revolução de 30.

Assumiu o poder pela força e, a despeito do discurso que pregava a quebra das estruturas oligárquicas e a moralidade, se recusou a governar de forma constitucional. Eis um traço marcante e consistente da personalidade de Getúlio: odiava as limitações do regime constitucional. Pôs-se a governar o Brasil sem Constituição, sem qualquer freio. Foi necessária uma insurreição armada no principal Estado do país – São Paulo – para forçar-lhe a aceitar a necessidade de uma ordem constitucional.

Como bom autoritário que era, Getúlio apenas fingiu aceitar a imposição dos constitucionalistas. Promulgada a Constituição de 1934, foi eleito indiretamente pelo Congresso Nacional, tal e qual preconizava a nova Constituição para a primeira eleição de presidente da República. As próximas eleições seriam diretas, dizia a Constituição, mas Getúlio bem sabia que não haveria eleições nenhumas. Já no final da década de 1930, Getúlio surfa na onda da ascensão do fascismo e começa a perseguir opositores com torturas, censura e prisões arbitrárias. Ao lado de Getúlio, há nomes de pessoas monstruosas, como seu irmão, Bejo Vargas, e seu chefe de polícia, Filinto Müller, famoso (e infame) torturador. A Polícia Política do regime – sim, havia uma polícia política –, comandada por Müller, torturou de tal forma o comunista Arthur Ernest Ewert – conhecido como Harry Berger – que ele se tornou completamente insano. Eis algo interessante para mencionar na próxima vez que um esquerdista defender Getúlio.

Em 1937, para a surpresa de ninguém, promove um autogolpe – aliás, lembro-me de bolsonaristas espantados quando confrontados com a hipótese, deveras plausível, de Bolsonaro dar um golpe de Estado. Ora, quem daria um golpe em si mesmo, não é? –, impondo uma Constituição de inspiração fascista, que teve como único constituinte o ultra autoritário Francisco Campos. À nova Constituição dá-se o simpático apelido de "polaca", por ter sido inspirada na Constituição fascista da Polônia. Getúlio se instaura como ditador e rompe de vez com qualquer aparência de liberalismo político.

Instaurado o Estado Novo, Getúlio governa sem qualquer oposição. O flerte com o nazifascismo é explícito. Em seu discurso de posse em 1937, Getúlio deixa claro o que pensa sobre o liberalismo político:

> A organização constitucional de 1934, vazada nos moldes clássicos do liberalismo e do sistema representativo, evidenciara falhas lamentáveis, sob esse e outros aspectos. A Constituição estava, evidentemente, antedatada em relação ao espírito do tempo. Destinava-se a uma realidade que deixara de existir. Conformada em princípios cuja validade não resistira ao abalo da crise mundial, expunha as instituições por ela mesma criadas à investida dos seus inimigos, com a agravante de enfraquecer e anemizar o poder público (VARGAS, 1937).

Pouco depois, em 1940, volta a atacar o liberalismo político:

> Passou a época dos liberalismos imprevidentes, das demagogias estéreis, dos personalismos inúteis e semeadores de desordem. À democracia política substitui a democracia econômica, em que o poder, emanado diretamente do povo, e instituído para a defesa do seu interesse, organiza o trabalho, fonte de engrandecimento nacional e não meio caminho de fortunas privadas. Não há mais lugar para regimes fundados em privilégios e distinções; subsistem somente os que incorporam toda a nação nos mesmos deveres e oferecem, equitativamente, justiça social e oportunidades de luta pela vida (PINTO, s/d).

Ora, Kim, mas não foi Vargas quem fez um novo Código Eleitoral em 1932, desmantelando o esquema corrupto de eleições da República Velha? Foi, mas eleições mesmo só ocorreram quando Vargas estava consolidado no poder ou quando ele sabia que elas seriam inconsequentes, porque ele tinha outros planos. Não adianta muita coisa você ter um sistema eleitoral mais sério, com Justiça Eleitoral e voto secreto, se a ordem política era um jogo de cartas marcadas.

Bem, mas deposto Vargas, instaura-se um regime constitucional, certo? E Vargas retornaria ao poder pelo voto popular, não? Então, ao fim da vida, ao menos, tornou-se um democrata? Longe disso. Vargas voltou ao poder pelas urnas porque pôde e porque não tinha outra alternativa. Ele sempre foi avesso às formas constitucionais de governar, com limitação de poder e liberdades públicas.

Getúlio chefiou o regime mais horrendo experimentado pelo país. Sempre flertou com o fascismo, tinha horror às liberdades públicas e sua concepção de política era completamente autoritária e personalista.

Vamos ao segundo ponto: Getúlio foi bom para os pobres, certo? Afinal, ele promoveu as leis trabalhistas e fez a Justiça do Trabalho. Antes de entrarmos no mérito das leis trabalhistas, temos que lembrar que Vargas só as fez por dois motivos fundamentais: para cooptar apoio popular e para honrar a concepção fascista sobre política, que dizia que tudo deveria estar dentro da estrutura do Estado. Isso significa que cabia ao Estado chefiar as relações entre trabalho e capital. Por isso, havia uma enorme ingerência do Estado nessas relações e nos sindicatos. A Justiça do Trabalho foi prevista na Constituição de 1934 como órgão do Poder Executivo e foi instaurada em 1939 – já sob o mando da Constituição de 1937, fascista – também como órgão do governo. Apenas em 1946, na redemocratização, a Justiça do Trabalho passa a ser um órgão do Poder Judiciário.

No mais, as leis trabalhistas são de um paternalismo absurdo: o trabalhador é sempre visto como um incapaz e um explorado, o que não condiz com as relações de trabalho atuais. Imaginemos um banco que contrata um economista-chefe, com um salário altíssimo e diversos benefícios, a fim de que ele faça relatórios econômicos para que o banco oriente seus investimentos. Esse sujeito é, por acaso, incapaz e vulnerável? A CLT equipara um empregado como esse a um operário de fábrica da década de 1930. Aliás, numa fábrica moderna vê-se robôs na linha de produção, comandados por engenheiros pós-graduados que ficam numa sala rodeada de computadores, acima da linha de montagem. Esses engenheiros – extremamente valorizados pela indústria – são como operários da década de 1930?

Getúlio nunca teve interesse genuíno pelos pobres. Seu interesse era um só: manter-se no poder sem oposição. A aliança com os pobres foi um preço que ele pagou de forma bem disposta. Só. A partir do momento em que sindicatos ou organizações de trabalhadores o ameaçassem, seriam sumariamente dissolvidas; seus líderes, presos.

Muito bem, mas ao menos Getúlio desenvolveu a economia nacional, certo? Mais ou menos, meu caro leitor. Não nego que o período em que Getúlio governou teve um papel importante na industrialização país, mas isso deveu-se mais à necessidade americana de ter o Brasil como aliado no contexto da Segunda Guerra – o que levou os EUA a fazer concessões jamais repetidas – do que qualquer outra coisa. É claro que Getúlio foi esperto e soube aproveitar a abertura, mas isso muito mais por causa da genialidade de Oswaldo Aranha – esse sim, um homem notável – do que por Getúlio.

Em seu último governo, Getúlio criou a Petrobrás, mas isso não significa que não haveria exploração de petróleo sem a iniciativa de Vargas. A grande discussão era entre fazer uma estatal com monopólio – o que só foi relativamente quebrado no governo FHC – ou entre permitir que o capital externo fizesse a exploração. Ao contrário do que dizem os adeptos de explicações fáceis, permitir que o capital externo entrasse no negócio não significava que estrangeiros iriam "roubar nossas riquezas". O petróleo era e sempre foi da União. O que se discutia era a exploração. A Petrobrás nunca foi dona de petróleo algum e, mesmo depois do fim do seu monopólio, no governo FHC, o petróleo continua sendo da União. Ao fim, podemos nos perguntar se a Petrobrás, com toda a sua corrupção e ineficiência, fez tão bem ao Brasil.

Você, leitor, acha a gasolina barata? Está satisfeito com os prejuízos bilionários que a estatal tem, sempre que protagoniza um escândalo de corrupção ou é alvo de interferência por parte do presidente da República?

Portanto, vamos com muita calma antes de louvar Getúlio Vargas. Ele tem um lugar na história do país e foi um político astuto, que manobrou o Brasil em tempos turbulentos, mas também foi um autoritário, que apoiava censura e tortura. E isso deve ser lembrado quando a esquerda quiser elevá-lo ao patamar de herói nacional. Apesar de tudo, não acho que lembrar à esquerda do verdadeiro Getúlio possa dissuadi-los de louvá-lo; afinal, a esquerda nunca teve problemas com ditadores e totalitarismo.

Referências

PINTO, Tales. "Vargas: Fascista ou Populista?". *História do Mundo*. s/d. Disponível em: <https://www.historiadomundo.com.br/idade-contemporanea/vargas-fascista-ou-populista.htm>. Acesso em: 06 ago. 2021.

VARGAS, Getúlio. "Discurso de posse – 1937". *Biblioteca Presidência da República*. Disponível em: < http://www.biblioteca.presidencia.gov.br/presidencia/ex-presidentes/getulio-vargas/discursos/discursos-de-posse/discurso-de-posse-1937/view>. Acesso em: 06 ago. 2021.

31.
A FARSA DO BOM SELVAGEM

Quem é o grande filósofo da esquerda? Muitos de vocês dirão "Karl Marx", com certa razão. Mas recomendo alguma cautela antes de responder. Talvez a resposta mais correta seja "Jean-Jacques Rousseau". O filósofo suíço do século XVIII tinha ideias peculiares. Uma delas era que o homem tem uma natureza boa, sendo propenso à paz e a uma vida idílica, mas o meio social em que vive acaba por corrompê-lo. Rousseau, de forma nada surpreendente, via nos indígenas uma forma intocada e pura de seres humanos, que não haviam sido corrompidos pela sociedade má.

Talvez Rousseau não soubesse, mas os indígenas americanos, assim como todas as civilizações do mundo, eram versados na arte da guerra. Conflitos entre tribos eram comuns, e era comum transformar prisioneiros de guerra em mão de obra escravizada. Não parece, portanto, que a ideia de Rousseau sobre o "bom selvagem" fosse muito acertada.

Mas, afinal, por que isso importa? Que impacto isso tem nas ideias atuais? Bem, a doutrina de Rousseau era a antítese do conservadorismo, que vê a natureza humana com bastante pessimismo. Para os conservadores, que têm boa parte da sua doutrina baseada em Hobbes, o homem não é uma criatura muito boazinha. Para prosperar, o homem se organiza em sociedade, mas cada indivíduo busca um papel de predomínio, mesmo que às custas dos demais. O Estado existe para impedir que a sociedade civil se torne uma guerra eterna, e isso acontecerá se o Estado falhar, porque a natureza humana é má.

Você já deve ter notado que é comum que a esquerda classifique a humanidade entre "bonzinhos e maus", ou entre "exploradores e oprimidos". Nessa versão infantil da história humana vendida pela esquerda – em muito baseada em Rousseau –, há sempre um grupo que é vítima e outro que é algoz. Os criminosos, por exemplo, são "vítimas da sociedade", ainda mais quando adolescentes. Se cometem crimes bárbaros, isso ocorre porque a sociedade capitalista os corrompeu. Que alguém possa ter uma natureza ruim e agir de acordo com ela é algo que não pode sequer ser cogitado.

Outro problema da influência de Rousseau é que, se o homem é naturalmente bom e a sociedade é má, uma nova sociedade – mais alinhada com a natural bondade humana – fará florescer o melhor que existe no homem. Isso significa que, conforme se avança para o socialismo, as pessoas passam a ter melhor índole e menos controle é necessário. Um conservador acha que a índole humana não muda; ela é naturalmente ruim e sempre será e, portanto, a vigilância é sempre necessária. Esse dever de vigilância aumenta conforme aumenta o poder; por isso, nenhuma pessoa ou grupo deve se tornar muito poderoso. Já ouviu falar de tripartição de poderes? A ideia é que não houvesse concentração de poder nas mãos de ninguém, porque o ser humano, sendo mau, abusará do poder sempre que tiver oportunidade.

Está achando a doutrina conservadora muito mesquinha? Bem, essa mesquinharia de duvidar da natureza humana e pregar a cautela e o controle inauguraram os sistemas políticos mais pacíficos e os sistemas econômicos mais prósperos da história. A doutrina de Rousseau, por sua vez, incentivou a visão bobinha dos socialistas, cujas mãos estão sujas de muito sangue.

A ideologia conservadora pode não ser tão bonitinha, mas funciona no mundo real. A de Rousseau só funciona na cabeça de pessoas que acham que os indígenas – e adolescentes que cometem crimes – são anjinhos corrompidos por uma sociedade má.

32.

KEYNESIANISMO: A FEITIÇARIA POR TRÁS DA "INTELIGÊNCIA" DE CIRO GOMES

Você já ouviu Ciro Gomes falar? Além de xingamentos a quem ousa contrariá-lo, agressividade e histeria, Ciro esbanja uma outra característica, também usada por Haddad e alguns outros esquerdistas: retórica pseudo-econômica. No discurso, jargões pretensamente acadêmicos são usados para dar a Ciro, a Haddad e a outros dessa mesma "escola" um ar de sapiência e de conhecimento técnico.

São 80 bilhões pra cá, 120 milhões pra lá, taxa de juros, *swap* cambial, pressão inflacionária, macroeconomia e até a influência do dólar no preço do Tylenol. Mas de que cartola Ciro e Haddad tiram todos esses coelhos?

Basicamente, chama-se "keynesianismo", um pensamento econômico defendido pelo economista britânico John Keynes, do século XX. O mantra do keynesianismo, escola econômica defendida por Ciro, Mantega e toda esses "manjadores" de economia da esquerda, determina que, quando uma economia está em crise – esse "quando" é importantíssimo, muita gente que não conhece a teoria keynesiana acha que keynesianismo é apenas sair gastando a torto e a direito –, o governo tem de gastar mais para potencializar a demanda agregada.

Vamos entender melhor essa frase:

A demanda agregada é uma maneira de se calcular o PIB

$$C + I + G + T = (PIB)$$

Consumo + Investimento + Gastos Governamentais + Transações correntes = Produto Interno Bruto

C representa o consumo das famílias, I representa os investimentos das empresas, G representa os gastos do governo e T representa as transações correntes, que basicamente são as exportações menos as importações, ou seja, são as exportações líquidas. O consumo, o investimento e as transações correntes são determinados por cada escolha que os mais de 200 milhões de brasileiros tomam todos os dias, o que eles decidem comprar e o que eles decidem vender, ou seja, são determinadas pelo que nós, liberais, chamamos de mercado. Cada um tomando sua decisão do jeito que quer, sem ser obrigado pelo governo.

Os gastos governamentais são determinados de uma maneira diferente. Não somos nós, o povo, que decidimos de maneira espontânea como o governo vai gastar o dinheiro dos nossos impostos. Tal decisão está na mão dos políticos.

Diferente do consumo, do investimento e das exportações, os gastos do governo não são determinados por aqueles que são os verdadeiros donos do dinheiro, ou seja, o povo. O governo não produz nada e, por isso não tem recursos próprios para gastar. O que ele faz é arrecadar parte do nosso trabalho e gastar como quiser.

Quando uma economia está em crise, o governo tem de aumentar seus gastos para potencializar a demanda agregada. Ora, mas se o governo tem de aumentar gastos para aumentar o crescimento do PIB, de onde é que o governo tira esse dinheiro?

Quando querem gastar mais – e em geral querem, porque gastos rendem votos –, os políticos têm três opções. A primeira é aumentar os impostos, o que só acontece em último caso, porque aumentar imposto é algo muito impopular. A segunda, que é a preferida do Ciro Gomes, é imprimir dinheiro e gerar inflação. O dinheiro é um produto como qualquer outro. Quanto mais dinheiro for impresso, menos valor terá. E é justamente por isso que os preços aumentam. É simples de entender. Imagina que no mundo só existisse essa moeda de um real. Aí alguém decide produzir outra moeda de um real. Essa moeda, que antes valia X, passa a valer X dividido por Y – uma variável maior do que 1, pois a utilidade marginal da moeda diminui –, afinal, o número de pessoas que querem essa moeda é o mesmo, mas o número de moedas dobrou.

Gerar inflação é uma maneira mais suave de o governo passar a conta para o nosso bolso – dos mais pobres, especificamente, falamos sobre nosso sistema tributário no capítulo sobre desigualdade. A terceira e a última alternativa é o endividamento: o governo pega dinheiro emprestado dos bancos ou governos estrangeiros e deixa a conta para o futuro.

Imposto, inflação e endividamento. Não precisa estudar em Harvard –como Ciro Gomes adora se gabar, como se tivesse se graduado lá – para entender que nenhuma dessas três alternativas gera riqueza. Todas elas tiram dinheiro de um lugar e mandam para outro. Se é assim, como é que elas podem fazer o PIB crescer?

Simples: elas não fazem. É aí que tá o pulo do gato. O crescimento é artificial; de uma maneira ou de outra, a população paga a conta dos gastos do governo. Se o governo aumentar os impostos, as pessoas vão ter menos dinheiro e, portanto, consumir menos. Se o governo aumentar a inflação, os preços vão aumentar e a população vai consumir menos. Se o governo se endividar, futuramente vai ter de aumentar os impostos ou inflacionar a moeda, o que também vai tirar dinheiro da população e diminuir o consumo.

Exemplificando, é como se a situação econômica da sua família estivesse ruim e seu pai decidisse tomar dinheiro de você, da sua mãe e dos seus irmãos para gastar do jeito que ele quiser com a desculpa de "reaquecer" a economia da casa.

O erro fundamental da tese é achar que a criação de riqueza está no consumo, que o consumo faz a economia crescer. Isso é uma mentira. A verdadeira fonte de riqueza é a produção, não o consumo. Quanto mais a produtividade aumenta, mais baratos ficam os produtos; com produtos mais baratos, mais pessoas têm acesso a bens e serviços e, assim, a economia melhora e a vida de todo mundo melhora.

Isso significa que gastar em período de crise não gera benefício nenhum? Errado. Mesmo um autor liberal como Friedman ou Hayek reconhecem que gasto público gera alívio no curto prazo. A grande questão é fazer com que esse alívio não prolongue a crise ou, pior, gere uma catástrofe ainda maior em razão das distorções de mercado criadas. Friedman, por exemplo, era um grande defensor do sistema de Renda Básica Universal, algo que seria como um Bolsa Família turbinado e acessível para todas as pessoas, de modo que, mesmo durante os períodos mais duros de crise, as pessoas não passassem um aperto tão grande a ponto de passar fome ou de ficar sem acesso a serviços básicos.

Uma diferença fundamental da visão liberal para a visão desenvolvimentista é que nós, liberais, não acreditamos que meia dúzia de burocratas sejam capazes de entender a economia a ponto de saber quais setores devem ou não receber investimentos públicos para desenvolver o país. É muito comum ouvirmos Ciro falando sobre desenvolver indústria a A ou a tecnologia B com gastos governamentais, como se os políticos fossem capazes de prever quais serão os setores mais estratégicos para o futuro melhor do que as centenas de milhões de mentes que atuam no mercado. A ideia da renda básica universal é justamente a oposta: eu, governo, reconheço que não tenho capacidade de saber exatamente o que você, cidadão, mais precisa. Portanto, tome esse dinheiro e decida você mesmo quais são suas prioridades. Muito mais eficiente e barato do que contratar um corpo de burocratas muito bem pagos para fazer uma estatal ou utilizar um banco público para fomentar determinado setor, correndo todos os riscos que a atividade empreendedora envolve e que o Estado não deveria tomar, afinal, o dinheiro é público e o prejuízo também.

A política econômica defendida por Ciro Gomes e Fernando Haddad pode ser muito boa para as fábricas de impressora, mas é péssima para a população, principalmente para os mais pobres, que são os que mais pagam impostos e sofrem com a inflação. Imagina se o Ciro levasse sua ideologia às últimas consequências? A inflação iria pra mil por cento e a gente teria de fazer que nem no Zimbábue, levar carrinho de dinheiro pra comprar pão.

Os discursos contra os políticos corruptos e a tal "elite" é da boca para fora. A economia defendida por Ciro é a mesma que já experimentamos durante 13 anos de PT: transferência de renda dos mais pobres para os mais ricos. Não ganha quem mais produz, ganha quem tem mais amizades no governo. É uma relação lógica: se o governo decide quais setores devem prosperar, prospera o setor que tem melhores relacionamentos com o governo. São corporações poderosas, formadas por gente já bem estabelecida no mercado. Ao final, temos as centenas de bilhões de reais saindo do bolso do pagador de impostos para os bolsos dos magnatas beneficiários de privilégios tributários concedidos sob a justificativa de "desenvolver a indústria nacional".

Não há mágica. A melhor solução – a única, na verdade – é o caminho inverso: poupar, não gastar. Quanto mais as pessoas pouparem, mais dinheiro estará disponível no mercado. Quanto mais dinheiro, menores os juros, que basicamente representam o preço do dinheiro. Quanto menores os juros, mais os empreendedores vão tomar empréstimos para investir em mais produtividade, melhores empregos e maiores salários. Ao mesmo tempo, quanto maior a poupança, mais dinheiro as pessoas terão futuramente para consumir os bens e serviços nos quais os empreendedores investiram com os empréstimos.

Não há como resolver crise na canetada. Só trabalhando se produz riqueza. Imprimir mais dinheiro ou se endividar não faz com que qualquer país se desenvolva; pelo contrário, garante que ele seja subdesenvolvido para sempre. Uma analogia muito boa utilizada por Hayek é a do bêbado que quer curar sua ressacada com mais cachaça. A situação pode até dar uma melhorada no curto prazo, mas no longo o tombo vai ser brabo.

Não caia na conversinha de Ciro e Haddad; no final, tudo o que eles querem é que você pague mais impostos para gastarem por aí e saírem dizendo que foram responsáveis por gerar emprego e renda no país. Trata-se de uma versão mais sofisticada da famosa prática de fazer caridade com a carteira alheia.

Referências

BÁSTIAT, Frederic. *A Lei*. São Paulo: LVM Editora, 2019.

FRIEDMAN, Milton; FRIEDMAN, Rose. *Livre para Escolher*: Um depoimento pessoal. 10ª ed. Rio de Janeiro: Record, 2015.

FRIEDMAN, Milton. *Capitalismo e Liberdade*. Rio de Janeiro: LTC, 2014.

HAYEK, Friedrich Von. *O caminho para a servidão*. Coimbra: Edições 70, 2009.

HAZZLIT, Henry. *Economia em uma única lição*. 5ª ed. São Paulo: LVM Editora, 2020.

KEYNES, John Maynard. *Teoria Geral do Emprego, do Juro e da Moeda*. São Paulo: Saraiva Uni, 2012.

MISES, Ludwig von. *As Seis Lições*. 9ª ed. São Paulo: LVM Editora, 2018.

MISES, Ludwig von. *A mentalidade anticapitalista*. 2ª ed. Campinas: Vide Editorial, 2015.

NORTH, Gary. "O erro central da teoria keynesiana em uma única frase". *Mises Brasil*. 07 mai. 2019. Disponível em: < https://www.mises.org.br/Article.aspx?id=2582>. Acesso em: 05 ago. 2021.

REIZMAN, George; HORWITZ, Steve. "O consumismo não gera crescimento econômico – e sua defesa é o cerne da teoria keynesiana". *Mises Brasil*. 21 jun. 2017. Disponível em: <https://www.mises.org.br/Article.aspx?id=2427>. Acesso em: 05 ago. 2021.

SEXTON, Robert; FORTUNA, Peter. *Exploring Economics*. 2005.

VALLEJO, Vanesa. "Carta aberta de uma austríaca formada no keynesianismo". *Mises Brasil*. 06 jul. 2016. Disponível em: <https://www.mises.org.br/Article.aspx?id=2193>. Acesso em: 05 ago. 2021.

33.
COMO OS PETISTAS FIZERAM DE TUDO PARA ANIQUILAR A LIBERDADE DE EXPRESSÃO

A nova estratégia do petismo, revivido por Jair Bolsonaro – que pegou um país em que o PT estava destruído, impopular, perdendo centenas de prefeituras e com um ex-presidente com a maior rejeição da história, preso e inelegível – é fazer-se de moderado, adotar discurso centrista e até chamar liberais para formular políticas econômicas na versão 2.0 turbo plus da "Carta aos Brasileiros". Pena que este autor tem memória. O PT adora censura e, no poder, foi ainda mais agressivo contra a imprensa e a própria liberdade de expressão que Bolsonaro.

Não acredita? Sugiro que se pergunte o que era o "controle social" da mídia que o PT tentou implementar. Convém que você se lembre que essa proposta fazia parte do plano de governo de Haddad em 2018 e do documento que reorientou o PT em 2020. Quanto ao resto da esquerda, veja o que acontece com a mídia nos países – todos sob ditadura, diga-se – em que a esquerda socialista governou/governa. Cuba, Venezuela e Coreia do Norte não são exatamente bons países para ser jornalista, não é mesmo?

Você deve estar achando que esse papo de censura é coisa da velha esquerda, abandonada pelo Lulinha Paz e Amor, não é? Bem, como eu disse, a censura fez parte do programa de governo de Haddad. Ademais, veja essa declaração de Lula em 2017:

> A Dilma errou e eu errei quando não fizemos a regulação dos meios de comunicação. Eles têm que saber que eles vão ter que trabalhar muito para não deixar que eu volte a ser candidato. Se eu for candidato, eu vou ganhar e vou fazer a regulação dos meios de comunicação.

Aliás, aos jornalistas que ainda insistem em aceitar o verniz de sensatez que Lula está desesperadamente passando em si mesmo, lembrem-se de que, recentemente, em 2014 ainda, Lula disse que a "imprensa é o principal partido de oposição".

Aliás, nada aproxima tanto o bolsonarismo e o lulismo quanto a censura. Lula criou uma ridícula TV estatal para fazer propaganda do governo; Bolsonaro traiu sua promessa de extingui-la e colocou comentaristas de futebol que o elogiam ao vivo. Lula hostilizava a imprensa que lhe era crítica – chegou a tentar expulsar um jornalista estrangeiro que o criticou! Bolsonaro está sempre às turras com jornalistas e imprensa. Ambos usam e abusam do Tesouro – que é um nome bonitinho para "seu dinheiro" – para patrocinar blogs sujos que, travestidos de órgão de imprensa, servem para assassinar a reputação de adversários e reproduzir propaganda oficial do governo com blogueiros dignos de programa de TV norte coreano. O expediente é igual nos governos de Lula e Bolsonaro; só mudaram os "jornalistas" beneficiados.

Quem não gosta de censura? Liberais. Para o liberalismo, a imprensa tem que ser livre e crítica, o Estado não deve se meter nem na mídia nem nas artes. Aliás, há muita notícia falsa espalhada sobre o MBL em relação ao *QueerMuseum*, exposição de temática LGBT feita em Porto Alegre. Espalharam que, na ocasião, o MBL defendeu o fechamento da exposição, ou seja, censura estatal. Mentira pura e simples. O que o MBL sempre criticou foi o financiamento público. Prova disso é que, algumas semanas antes, havia feito pressão para que um programa de TV da *influencer* Pugliesi não fosse financiado com dinheiro público. O problema não era o conteúdo – que de fato era impróprio para crianças, mas isso é julgamento que os pais devem fazer, não o Estado –, mas a fonte de financiamento. O debate público deve ser amplo, plural, jamais mediado pelo Estado.

Duas frases de Salman Rushdie resumem bem o pensamento liberal sobre liberdade de expressão: "O que é a liberdade de expressão? Sem a liberdade de ofender, ela não existe mais" e "Prefiro saber onde estão os babacas". Mesmo as ideias esdrúxulas devem ser permitidas, porque apenas a luz do debate é capaz de destruí-las. Proibir debates sobre qualquer assunto só faz com que correntes nefastas, discriminatórias, antidemocráticas, cresçam nas sombras e somente sejam enfrentadas quando tenham se tornado grandes demais para ignorar.

Referências

Congresso em Foco. "Lula: 'imprensa é principal partido de oposição'", Disponível em: https://congressoemfoco.uol.com.br/especial/noticias/lula-imprensa-e-%E2%80%98principal-partido-da-oposicao%E2%80%99/. Acesso em: 30 jul. 2021.

UOL. "Lula ataca Bolsonaro e diz que fará regulação da imprensa se for eleito", Disponível em: 11/08/2017. Disponível em: <https://noticias.uol.com.br/politica/ultimas-noticias/2017/08/11/lula-e-dilma-discursam-na-ufrj.htm. Acesso em: 30 jul. 2021.

34.

E O TAL DO FORO DE SÃO PAULO?

Há um tema que causa furor na esquerda e na direita bolsonarista: Foro de São Paulo. Se você nunca ouviu falar dele, está perdoado. Trata-se de algo que, até pouco tempo, era um tema muito marginal. Recentemente, com a polarização política e com a ascensão de um debate pautado nas redes sociais, ele ganhou importância.

Segundo o astrólogo Olavo de Carvalho – conhecido por ser paranoico e meio maluco –, o Foro de São Paulo é uma instituição criada na década de 1990 com o objetivo de congregar as forças de esquerda na América Latina – incluindo grupos terroristas, como as FARC. O objetivo do Foro seria articular toda a esquerda latino-americana, a fim de que houvesse um plano de tomada do poder em todo o continente, recuperando para a esquerda o espaço perdido na Europa Oriental com a queda do muro de Berlim.

Para a esquerda, o Foro de São Paulo nada mais é do que um espaço de troca de ideias, sem qualquer conotação mais sinistra. O PT, aliás, sustenta que as FARC foram expulsas do Foro – interessante que, para ser expulso, precisa ter sido membro. Ainda, a esquerda diz que a existência do Foro nunca foi secreta; é verdade que Olavo de Carvalho também nunca disse que era secreto, mas "discreto".

Quem está certo? Bem, entre os anos de 1990 e 2000, a esquerda tomou o poder em quase toda a América Latina. Onde pôde, instaurou ditaduras – a Venezuela é o maior exemplo. Mesmo onde houve um contra-ataque, como no Brasil, a esquerda se enraizou e se tornou uma força quase hegemônica. Prova disso é a força eleitoral do PT, mesmo após comprovada a articulação do maior escândalo de corrupção da história do país, só para se ter uma ideia, o PT saiu das eleições de 2018 com uma bancada do mesmo tamanho da bancada bolsonarista, que estava em ascensão e havia acabado de alcançar a presidência da República.

Olavo de Carvalho é conhecido por ser maluco e paranoico. De outro lado, a esquerda tem declarada simpatia por revoluções, matanças, guerrilhas e pela criminalidade em geral – o criminoso é visto como "vítima da sociedade". A esquerda até inventou o "narcolirismo", em que o narcotraficante é visto como uma espécie de herói popular – pergunte a um trabalhador honesto que mora em uma favela o que ele acha desse lindo conceito.

Dou minha opinião e friso que, na falta de maiores provas, é apenas uma opinião, nada mais. Creio que, apesar da maluquice de Olavo de Carvalho, a esquerda é sabidamente ávida por dinheiro e poder, e avessa a constitucionalismo, eleições livres, império da lei etc. Portanto, a coisa toda requer um mínimo de investigação. É bem possível que, de fato, o Foro de São Paulo articule – ou no mínimo já tenha articulado – ações das FARC, ações dos regimes ditatoriais, apoio midiático etc.

Pessoalmente, não acho que exista um QG Comunista, em que homens barbudos se reúnem sob uma foto de Lenin e ficam rindo como vilões do Capitão Planeta. Todavia, não acho que uma organização que reúna os principais partidos de esquerda seja somente um clube de amigos. Longe disso.

Enfim, o fato merece uma investigação séria e imparcial. Isso nunca foi feito. Por quê? Não se sabe. Mas uma investigação séria teria que analisar todos os documentos do Foro de São Paulo, dos partidos de esquerda, arrolar Olavo de Carvalho como testemunha etc. E, se fosse comprovado que houve articulação antidemocrática ou envolvendo grupos terroristas, os partidos de esquerda envolvidos teriam que ser dissolvidos.

Qual país ousaria mexer em tamanho vespeiro?

35.
FINANCIAMENTO PÚBLICO DE CAMPANHA: O MITO DA FESTA DA DEMOCRACIA

Imagine um mundo em que todos possuem as mesmas oportunidades na hora de disputar uma eleição. Basta chegar num partido, filiar-se e sair por aí pedindo votos e fazendo campanha com dinheiro garantido pelo próprio partido. Não interessa sua popularidade, sua causa, classe social, religião ou cor. Quer participar da festa da democracia? Seja bem-vindo, o camarote é grátis. Com a mesma verba para promoverem suas campanhas, candidatos estariam em pé de igualdade e disputariam no campo das ideias, não com base no dinheiro, visibilidade ou influência política? Parece bom, não acha?

Muito bonito, muito legal. Tão legal quanto eu ter um Pégaso para passear por aí e uma nascente de Coca-Cola para mergulhar. Falando sério, em geral, os entusiastas do fundo eleitoral – famoso Fundão – defendem-no porque, no seu entendimento, as campanhas deveriam ser financiadas total ou parcialmente pelo Poder Público. Esse financiamento público ou semipúblico seria justificável porque, ao afastarmos a possibilidade de financiamento privado, afastaríamos também influência indevida do poder econômico no pleito.

Os candidatos que defendem pautas mais ligadas aos interesses sociais não seriam prejudicados.

Isto traz um custo ao erário, mas os defensores da ideia afirmam que o custo é pequeno quando consideramos as vantagens de um processo democrático sem influência do poder econômico.

A intenção é boa, mas de boas intenções o Congresso Nacional está cheio. Fato é que, se o Fundão eleitoral quis "democratizar" as eleições, permitindo que o Tio Vavá da Tapioca concorresse ao Senado por Alagoas em pé de igualdade com Collor e Renan Calheiros... bem, ele falhou profundamente. A política brasileira continua dominada por caciques. Esses caciques, por muito tempo, usaram candidatos-celebridade para puxarem votos e serem eleitos com poucos votos, mas recentes reformas tornaram isso mais difícil, apesar de não tornarem impossível.

Hoje, os caciques dominam os partidos, vendendo espaço em propaganda eleitoral de televisão e negociando votos no Legislativo. Os partidos recebem o dinheiro (público) do Fundão e direcionam a quem querem. Os beneficiados são – de forma nada surpreendente – os caciques. De acordo com levantamento realizado pela Folha, com base em dados do próprio Tribunal Superior Eleitoral, 80% da verba pública foi para 2% dos candidatos. Só isso bastaria para pôr em xeque a ideia do Fundão. Na prática, o Fundão dificultou a entrada de mais novos, que nunca têm acesso a esses recursos públicos, e turbinou a campanha de quem já tem visibilidade ou mandato.

Eu mesmo sou um exemplo disso. Quando disputei as eleições de 2018 o presidente do meu partido ofereceu R$ 500 mil para eu fazer minha campanha. Apesar de novato, eu já tinha projeção nacional e uma boa perspectiva de votação. Esse dinheiro, que eu recusei, jamais teria sido oferecido a qualquer um que chegasse ao partido. Aliás, um completo desconhecido sequer conseguiria permissão do partido para disputar eleição. Hoje, com mandato, poderia facilmente pedir mais de R$ 2 milhões – a média do que deputados federais geralmente recebem para fazer campanha em partidos grandes –, para o presidente do meu partido, para fazer campanha, afinal, meus votos também ajudam a engordar o caixa da legenda, que recebe de acordo com o número de deputados federais eleitos. Eu nem saberia onde enfiar todo esse dinheiro, mas só pelo fato de ter mandato já teria acesso a essa fortuna e poderia contratar, sei lá, a Ivete Sangalo para distribuir santinho junto comigo, passando por cima de todos os neófitos pobretões. Tudo isso rodando o estado de São Paulo numa Ferrari com som ultrapotente reproduzindo meu *jingle* feito por dupla sertaneja famosa. Apesar de tentadora, o leitor sabe que, por princípio, eu não faria uma coisa dessas. Problema: 90% dos políticos fazem e isso tira a chance de milhares de jovens que lutam para representar suas causas, mas se deparam com uma máquina de moer gente durante as eleições.

Ainda há mais: em razão do sucesso retórico da esquerda identitária, a ideia de que só há democracia se todos os grupos estiverem, precisa e proporcionalmente, representados de acordo com seu gênero, sua cor e sua orientação sexual prosperou e se tornou uma espécie de credo oficial de quem se diz democrata. Como se um negro não pudesse sentir-se representado pelas ideias defendidas por um branco e vice-versa, como se homens não pudessem votar em mulheres etc. Isso fez com que o Supremo Tribunal Federal e o Tribunal Superior Eleitoral, como de costume, usurpassem a função do parlamento e obrigassem os partidos a destinar parte do dinheiro do Fundão a candidaturas de negros e mulheres.

O resultado foi desastroso. 42 mil candidatos mudaram a declaração de cor, só nas eleições de 2020. Nenhum, absolutamente nenhum, repito, nenhum, nadica de nada, zero absoluto, nulo o número de partidos que conseguiram cumprir a regra. Nem os partidos que sempre utilizaram as ditas minorias como bandeira para obter votos, como PSOL e PT, seguiram a obrigação criada pelo Judiciário. Para não ser injusto, dois partidos cumpriram: PCB e PTSU, partidos que, como o leitor bem sabe, possuem gigantesca representação no Congresso Nacional, pautando praticamente todas as eleições de modo a quase instituir um sistema bipartidário.

Assim, se a população brasileira tem 53% de mulheres, não seremos uma democracia "de verdade" até termos 53% das vagas no Congresso ocupadas por mulheres. Resta saber qual é a porcentagem populacional de ascendência asiática, europeia, africana, indígena etc. Daí podemos distribuir as cadeiras no Congresso com base em tais características. Mas enfim, se a ideia foi dar mais "diversidade", o Fundão falhou terrivelmente. Os homens brancos dominam as eleições, representando 80% dos eleitos – isso, importante ressaltar, depois da instituição do fundo eleitoral e das cotas para negros e mulheres. A conclusão é óbvia: não se muda uma sociedade na canetada, de cima para baixo. Mudanças que não têm raízes profundas na sociedade resultam em delírios da burocracia central, detentoras do que Friedrich Hayek chamava de "arrogância fatal", a presunção de que é possível manipular a sociedade, com toda sua complexidade cultural, de valores, moral e costumes, como peças de xadrez.

Apesar da forçação de barra da esquerda identitária, e nisso incluímos parte significativa e poderosa do Poder Judiciário, xs candidatxs negrxs não avançaram tanto, segundo o próprio TSE. Ou seja, de novo, o Fundão falhou.

Afinal de contas, de quanto dinheiro estamos falando? Somando o fundo eleitoral, aquele utilizado para campanhas políticas, com o fundo partidário, que sustenta a estrutura dos partidos independentemente das eleições e também é utilizado para os pleitos, são cerca de R$ 3 bilhões. Para se ter uma ideia, R$ 3 bilhões é mais de três vezes todo o orçamento do Ministério da Mulher, da Família e dos Direitos Humanos. O ministério é responsável por políticas públicas que envolvem pessoas desaparecidas; programas de proteção às testemunhas; combate à tortura; trabalho escravo; discriminação contra pessoas LGBT; violência contra a mulher; pedofilia; uso de entorpecentes ilícitos; alcoolismo; direito das pessoas com deficiência; direito de povos indígenas; direito dos idosos; proteção às crianças e adolescentes etc. etc. Citei menos da metade das atribuições do ministério, apenas para mostrar a perversa inversão de prioridades que os fundos eleitoral e partidário representam.

E assim o barco vai… um fundo bilionário constituído de verba pública é usado em parte para financiar velhos caciques e, em parte, para financiar a "missão civilizatória" de pessoas como o Barroso, tudo sem resultado. Mas não tem problema, as raízes patrimonialistas da sociedade brasileira aceitam o saque institucional promovido pelos fundos partidário e eleitoral, garantindo até palanque de virtudes para os defensores dessa imoralidade.

Referências

BRAGON, Ranier; GARCIA, Guilherme. "Partidos descumprem regra de repasse de verba eleitoral para negros e mulheres". *Folha de São Paulo*. 01 nov. 2020. Disponível em: <https://www1.folha.uol.com.br/poder/2020/11/partidos-descumprem-regra-de-repasse-de-verba-de-campanha-para-negros-e-mulheres.shtml>. Acesso em: 05 ago. 2021.

BRAGON, Ranier; GARCIA, Guilherme; YUKARI, Diana. "Menos de 1% dos candidatos concentram 80% dos fundos públicos de campanha". *Folha de São Paulo*. 25 out. 2020. Disponível em: <https://www1.folha.uol.com.br/poder/2020/10/menos-de-1-dos-candidatos-concentram-80-dos-fundos-publicos-de-campanha.shtml>. Acesso em: 05 ago. 2021.

BRASIL. Lei nº 9.504, de 30 de setembro de 1997. Estabelece normas para as eleições. *Diário Oficial da União*. Brasília, 30 set. 1997. Disponível em: <http://www.planalto.gov.br/ccivil_03/leis/L9504.htm>. Acesso em: 05 ago. 2021.

FALCÃO, Marcio; VIVAS, Fernanda. "Eleições 2020: TSE divulga repartição dos R$ 2 bilhões do fundo eleitoral". *G1*. 08 jun. 2020. Disponível em: <https://g1.globo.com/politica/eleicoes/2020/noticia/2020/06/08/tse-divulga-reparticao-dos-r-2-bilhoes-do-fundo-eleitoral-para-as-eleicoes-municipais.ghtml>. Acesso em: 05 ago. 2021.

FARIA, Flávia; BRAGON, Ranier; GARCIA, Guilherme. "Chegam a 42 mil os candidatos que mudaram de cor para eleição deste ano". *Folha de São Paulo*. 27 set. 2020. Disponível em: <https://www1.folha.uol.com.br/poder/2020/09/chegam-a-42-mil-os-candidatos-que-mudaram-declaracao-de-cor-para-eleicao-deste-ano.shtml>. Acesso em: 05 ago. 2021.

MINISTÉRIO da Mulher, da Família e dos Direitos Humanos. *Em dois anos, orçamento do Ministério da Mulher, da Família e dos Direitos Humanos chega a R$ 1,4 bilhão*. 19 abr. 2021. Disponível em: <https://www.gov.br/mdh/pt-br/assuntos/noticias/2021/abril/em-dois-anos-orcamento-do-ministerio-da-mulher-da-familia-e-dos-direitos-humanos-chega-a-r-1-4-bilhao>. Acesso em: 05 ago. 2021.

TSE – Tribunal Superior Eleitoral. "Cota de 30% para mulheres nas eleições proporcionais deverá ser cumprida por cada partido em 2020". *TSE*. 08 mar. 2019. Disponível em: <https://www.tse.jus.br/imprensa/noticias-tse/2019/

Marco/cota-de-30-para-mulheres-nas-eleicoes-proporcionais-devera-ser-cumprida-por-cada-partido-em-2020>. Acesso em: 05 ago. 2021.

TSE – Tribunal Superior Eleitoral. "Partidos políticos receberam mais de R$ 934 milhões do Fundo Partidário em 2020". *TSE.* 11 jan. 2021. Disponível em: <https://www.tse.jus.br/imprensa/noticias-tse/2021/Janeiro/partidos-politicos-receberam-mais-de-r-934-milhoes-do-fundo-partidario-em-2020>. Acesso em: 05 ago. 2021.

36.

A FAMOSA CURVA DE LAFFER: MENOS IMPOSTOS, MAIS ARRECADAÇÃO

Existe uma ferramenta chamada "impostômetro" que calcula o quanto o Estado já arrecadou em impostos até o presente momento. O interessante é que, todos os anos, o valor é superior quando comparado à mesma data do ano anterior. Isso significa que a voracidade fiscal do Estado não tem limites.

Para o pensamento de esquerda, isso é bom. Cabe ao Estado gerir toda a sociedade, prestar serviços públicos, definir padrões morais e Deus sabe mais o quê, e, para isso, ele precisa de dinheiro. Mais importante que tudo, cabe ao Estado redistribuir a renda. A alternativa seria tributar menos e ter menos Estado, o que, para um esquerdista, é imoral. Olhemos, pois, o impostômetro e comemoremos: amém, irmãos, é o milagre da multiplicação dos gastos públicos!

Para quem vive no mundo real, o Estado muitas vezes atrapalha mais do que ajuda. As políticas do Estado muitas vezes não têm ressonância no mundo real porque são formuladas por pessoas que não vivem a realidade – sim, me refiro a eles mesmos, os famosos burocratas. Um dos principais pontos dos governos conservadores em países estrangeiros foi tirar o excessivo poder dado aos burocratas e devolvê-lo às pessoas. Como dizem alguns conservadores, você sempre saberá como melhor gastar o seu dinheiro do que o governo.

Ronald Reagan foi quem melhor encarnou esse ideal conservador. Como disse Reagan, as palavras mais terríveis que uma pessoa pode ouvir são "eu sou do governo e vim ajudar". Reagan queria um Estado bem menor para que pessoas voltassem a ter poder sobre suas vidas. E Reagan estava certo. O Estado é tão ineficiente que tem de aumentar sua arrecadação todos os anos para sustentar a própria burocracia.

Um dos seus economistas, Arthur Laffer, descobriu que a partir de um certo ponto, o aumento da carga tributária não representa mais um aumento da arrecadação. Pior: a arrecadação cai. Como assim? Como é possível que um aumento de impostos faça governo receber menos? O que acontece é que, quando as pessoas percebem que a carga tributária está muito alta, elas deixam de produzir, pois não vale mais a pena trabalhar. Consequentemente, param de pagar impostos e a atividade econômica cai como um todo. De certa forma, os órgãos de arrecadação são como parasitas, que não podem matar o hospedeiro, sob pena de também morrerem.

Vale ressaltar que as pessoas deixam de produzir dentro da legalidade. A produção clandestina continua existindo. Uma das mais provas de como a super taxação gera incentivos econômicos para o crime é o mercado de cigarros. Dos cigarros vendidos em padarias, bancadas de jornal, bares etc., 60% vêm do mercado clandestino. Isso ocorre porque, enquanto o Paraguai cobra 18% em impostos, O Brasil, além de possuir política de preço mínimo – pois é, controle de preços, como se ainda estivéssemos sob o governo Sarney –, taxa de 70% até 90%, dependendo do Estado. Ou seja, quem compra no mercado regular adquire um cigarro para si e nove para o governo. A explicação é que usamos a tributação para fazer política pública, no caso, desincentivar o consumo. Nada mais tolo. Foram as grandes campanhas de conscientização, principalmente por parte do Ministério da Saúde, que fizeram o consumo despencar, não os altos tributos. A tributação só fortaleceu o crime organizado, que encontrou uma mina de ouro cheia de consumidores ávidos por cigarros de preço acessível.

Reagan, que não era economista, concordava com Laffer. Dizia que, quando trabalhava como ator, percebia que não era vantajoso fazer mais do que um determinado número de filmes em um período porque o aumento dos seus ganhos trazia uma tributação maior – por causa da alíquota progressiva –, o que tornava a vantagem econômica nula. Em suma: se ele trabalhasse mais do que X horas por ano, estaria trabalhando de graça. Sem incentivo, ele não trabalhava. Muitas pessoas, em diversas indústrias, pensavam da mesma forma, o que fazia com que houvesse bem menos atividade econômica. O resultado final era, claro, uma enorme letargia econômica.

Vamos pensar isso de outra forma: imagine que o Estado institua uma alíquota de 0% sobre a renda, qualquer que seja ela. Evidentemente, o Estado não vai arrecadar nada com imposto de renda. Agora, imagine que ele estabeleça uma alíquota de 100% sobre a renda, qualquer que seja ela. Ora, nesse caso, o Estado também não arrecadaria nada, porque ninguém trabalharia. Se o governo vai ficar com toda a minha renda, não tenho incentivo algum para sair da cama todas as manhãs.

Pois bem, se uma alíquota sobre a renda fixada em 0% ou em 100% dão o mesmo resultado – nenhuma arrecadação –, deve haver uma determinada alíquota na qual você tem a arrecadação máxima sem precisar assaltar o bolso do trabalhador. Afinal, com uma redução da carga tributária, você tem uma maior atividade econômica e mais pessoas pagando impostos.

Eu não saberia dizer onde está esse "ponto ótimo". O cálculo sem dúvida nenhuma é complexo. O fato é que o Brasil é o país com a maior carga tributária entre os países da América Latina. O brasileiro paga mais de 30% do nosso PIB em tributos. Isso é 10% acima da média dos nossos *hermanos* latinos, e ainda assim temos alguns políticos que defendem o aumento dos impostos, volta da CPMF, fim do teto de gastos etc.

Sabendo disso, o que precisamos é de um sistema tributário que seja mais eficiente, através uma alíquota que se traduza em uma maior arrecadação e não necessariamente tão alta; mais justo, já que nosso atual sistema é regressivo e extremamente burocrático.

Isso, é claro, é tudo o que os burocratas não querem. A eles junta-se a esquerda, que acredita que tributação é um ótimo caminho para tirar um país da pobreza.

Já dizia nosso querido e bom velhinho, Winston Churchill: "Uma nação que tente prosperar à base de impostos é como um homem com os pés num balde tentando levantar-se puxando a alça."

Referências

ESTADÃO CONTEÚDO. "Ciro admite eventual novo imposto, mas que atingiria apenas os mais ricos". *Exame*. 21 mai. 2018. Disponível em: <https://exame.abril.com.br/economia/brasil-tem-maior-carga-tributaria-da-america-latina/>. Acesso em: 05 ago. 2021.

FNCP – Fórum Nacional Contra a Pirataria e a Ilegalidade. "Contrabando de cigarros expande rotas e marcas: entenda como isso prejudica toda a sociedade". *G1*. 26 fev. 2021. Disponível em: <https://g1.globo.com/especial-publicitario/novos-players-da-ilegalidade/noticia/2021/02/26/contrabando-de-cigarros-expande-rotas-e-marcas-entenda-como-isso-prejudica-toda-a-sociedade.ghtml>. Acesso em: 05 ago. 2021.

MACEDO, Aline. "Cigarro, caipirinha, celular importado: os 10 produtos com mais impostos no país". *CNN Brasil Business*. 28 mai. 2021. Disponível em: <https://www.cnnbrasil.com.br/business/2021/05/28/cigarro-caipirinha-celular-importado-os-10-produtos-com-mais-impostos-no-pais>. Acesso em: 05 ago. 2021.

37.

MEIO AMBIENTE

Voltemos ao tema do meio ambiente. Como se sabe, os ambientalistas vivem às turras com Jair Bolsonaro, que por sua vez faz questão de acusar qualquer preocupação com a preservação do planeta de "comunista", tola etc. Bolsonaro insiste nisso mesmo quando nosso descuido com o meio ambiente traz atritos com países ricos – que, diga-se, nunca cuidaram muito bem do seu próprio meio ambiente.

Por que Bolsonaro age assim? Bem, entender Bolsonaro não é tão simples. Ele é um home oco, vazio, sem ideias ou ideais. Bolsonaro nada mais é do que um político interesseiro e corrupto, que ascendeu por ter uma retórica inflamada. Sua vida foi uma sucessão de fracassos, desde a carreira militar medíocre aos mandatos parlamentares pífios, seguido por uma presidência desastrosa. Seu exemplo serviria como um excelente *coach* às avessas: todo novo dia é uma nova possibilidade de você fracassar novamente e tornar-se uma pessoa pior.

O problema de termos no poder alguém que não pensa é que, fatalmente, alguém pensará por ele. Isso não significa, é claro, que precisamos ter um presidente que é especialista em tudo. Isso é humanamente impossível. Porém, o presidente precisa ao menos ter uma base ideológica sólida para, em qualquer discussão sobre políticas públicas, saber quais rumos tomar, além de conhecimentos gerais, para que não se torne refém de seus assessores.

Quanto mais intelectualmente fraco for um governante, mais espaço haverá para ideólogos e gurus. Bolsonaro tem um guru sabidamente maluco: Olavo de Carvalho, ex-astrólogo, ex-jornalista, ex-interno em manicômio, ex-sabe-se lá o quê. O guru Olavo se intitula uma das maiores mentes pensantes do planeta, apesar de defender maluquices tais como a ineficácia de vacinas, os benefícios do tabagismo para a saúde e que o filósofo Theodor Adorno teria composto todas as músicas dos Beatles. Olavo é um "filósofo" para lá de bizarro.

Junte uma mente tão bizarra quanto Olavo de Carvalho com uma cabeça tão oca quanto Jair Bolsonaro e o resultado só podia ser um governo desastroso. Na questão ambiental, não é diferente. Olavo de Carvalho não acredita em aquecimento global e diz que petróleo não é combustível fóssil – sim, você leu certo. Assim, é contrário a quase todas as leis ambientais, em especial aquelas que tentam diminuir o aquecimento global. Note-se que não se trata de discutir a causa do aquecimento ou suas consequências – há controvérsia razoável na comunidade científica sobre até onde a ação humana interfere nas mudanças climáticas –; a questão é muito mais embaixo: Olavo nega a sua existência! Evidentemente, Bolsonaro não é tão explícito, mas, em suas declarações e em sua política pública, o desdém pela questão ambiental é facilmente perceptível.

Isso não significa, é claro, que a agenda da esquerda para o meio-ambiente seja elogiável. Tradicionalmente, a esquerda não se importa com o meio ambiente – basta observarmos o "cuidado" com o meio ambiente que tinha a antiga URSS ou mesmo o atual governo chinês –, mas passou a defender essa bandeira quando o tema se tornou popular. Fala-se muito, aliás, que a destruição ambiental é mero fruto do capitalismo, ignorando-se completamente o fato de que foram as inovações capitalistas que permitiram a exploração de fontes limpas e renováveis de energia e o uso mais racional dos recursos naturais: graças ao liberalismo, hoje conseguimos produzir, por exemplo, muito mais alimento com muito menos desperdício de terra e de água – Malthus revira-se no caixão.

A forma como a esquerda encara o tema é a mesma como todos os demais temas são enfrentados, ou seja, seguindo uma lógica de "opressor-oprimido". Assim, o problema ambiental não é apenas uma questão urgente, que interessa a todos; trata-se de uma luta entre o meio ambiente (vítima) e o homem (opressor). Da mesma forma, no ideário esquerdista, comunidades tradicionais ou pobres (ribeirinhos, indígenas etc.) seriam naturalmente inclinadas à preservação ambiental, ao contrário dos que defendem o capitalismo. Tal concepção simplesmente não é verdadeira. Em geral, pobreza contribui para o desmatamento e a poluição – basta observar a quantidade de tribos indígenas que ainda utilizam as queimadas como meio de limpar e preparar o solo para novas safras.

Algo que é realmente surpreendente é o fato de a esquerda se dizer uma campeã da preservação ambiental. O governo Lula sempre preferiu o desenvolvimento econômico à preservação ambiental, e o próprio Lula deixava isso claro. Marina Silva foi demitida do Ministério do Meio Ambiente porque teimou em enfrentar interesses econômicos poderosos atuando na área ambiental. Dilma, por sua vez, tocou o projeto da usina de Belo Monte, que é considerado uma catástrofe pelos ambientalistas.

Os governos do PT se pautaram por uma política nacional-desenvolvimentista, que não difere tanto do estatismo tosco da ditadura militar. Nesse esquema, é importante gerar sempre crescimento econômico, mesmo que não seja sustentável. Por exemplo, aproveitar-se do *boom* das *commodities* e torrar o dinheiro daí resultante no aumento da burocracia do governo (ao invés de fazer obras e reformas estruturais e aproveitar para diminuir o tamanho do Estado) é algo que faz sentido no ideário nacional-desenvolvimentista, mas não no mundo real. Seguindo essa linha política, o meio ambiente não é visto como objetivo estratégico de médio e longo prazo, mas de empecilho para o almejado crescimento de curto prazo. O que importa é criar euforia econômica.

Agindo de modo tão negacionista e estranho, Bolsonaro ignora o fato de que ser ambientalmente correto é um ótimo negócio, principalmente quando comanda-se uma potência ambiental como o Brasil. Com o Acordo de Paris, cada país tem uma cota de carbono para cortar e um país pode comprar a cota não suada do outro. Cortar as emissões de carbono – ou emitir menos do que o autorizado pelo Acordo – é, portanto, um bom negócio. Considerando a matriz limpa brasileira, isso poderia dar azo a um lucro considerável com a venda de crédito de carbono.

Evidentemente, o desmatamento – do qual Bolsonaro sempre fez pouco caso – afeta esse mercado, porque uma menor cobertura vegetal sequestra uma quantidade menor de carbono. Ademais, as queimadas geram uma quantidade considerável de carbono. Tais queimadas aumentaram consideravelmente em 2019, quando comparadas com 2018.

A política ambiental de Bolsonaro é um misto de incompetência típica do seu governo com cretinice olavista. Para não variar, custará caro ao Brasil, não só em termos ambientais, mas também diplomáticos e econômicos. Ainda assim, não podemos permitir que o desastre de Bolsonaro sirva para justificar a péssima gestão ambiental dos governos petistas.

Referências

AZEVEDO, Reinaldo. "A demissão de Marina Silva – A gota d'água". *Veja*. 13 mai. 2008. Disponível em: <https://veja.abril.com.br/blog/reinaldo/a-demissao-de-marina-silva-a-gota-d-agua/>. Acesso em: 05 ago. 2021.

HIGGINS, Tiffany. "O elefante branco de Belo Monte: maior e mais cara hidrelétrica brasileira pode ser inviável". Traduzido por Eloise de Vylder. *Mongabay*. 04 fev. 2020. Disponível em: <https://brasil.mongabay.com/2020/02/o-elefante-branco-de-belo-monte-maior-e-mais-cara-hidreletrica-brasileira-pode-ser-inviavel/>. Acesso em: 05 ago. 2021.

MARQUES, Alan. "Sem apoio de Lula, Marina anuncia saída do governo". *Folha de São Paulo*. 14 mai. 2008. Disponível em: <https://www1.folha.uol.com.br/fsp/brasil/fc1405200802.htm>. Acesso em: 05 ago. 2021.

38.

A CULTURA DA "CARTEIRADA"

Você sabe com quem está falando? Ao ouvir essa frase, você pode até não saber a resposta exata, mas uma coisa é certa: está falando com um brasileiro. A famosa "carteirada" – o uso de um cargo ou função pública para intimidar agentes do Estado (especialmente policiais) que cumprem seu trabalho, colocando o dono da "carteira" como "acima da lei", é uma tradição brasileira tão enraizada quanto o futebol, o carnaval ou a feijoada.

No Brasil, ninguém escapa da síndrome de pequeno poder. Mesmo o estagiário da administração do menor dos municípios se sente uma "autoridade". A coisa chegou a tamanho ridículo que, quando foi criada a lei da arbitragem, em 1996, permitindo que as pessoas submetessem seus processos a árbitros por elas escolhidos (ao invés do Poder Judiciário), foram criados "tribunais arbitrais" (na verdade, empresas privadas) em que seus membros passaram a se identificar como magistrados e a dar "carteiradas" por aí. Alguns, exagerando no ridículo, colocavam um distintivo em seus carros, em que se lia "juiz arbitral", logo abaixo do brasão da República. É como se um juiz de futebol pedisse carro oficial e placa preta por exercer funções jurisdicionais – a palavra "jurisdição", aliás, vem do latim *juris*, Direito, e *dicere*, dizer, ou seja, aquele que exerce jurisdição é alguém que tem poder de "dizer o Direito", de interpretar como a lei deve ser aplicada. De fato, não somos um país para principiantes.

Em um país em que mesmo o juiz substituto que acabou de entrar na carreira faz questão de ser arrogante com servidores e advogados, para que todos "respeitem sua autoridade", e em que praticamente todas as profissões têm uma regulamentação em lei – pessoalmente, já participei de votações que regulamentaram a profissão de tradutor de libras e naturólogo, sempre me posicionando contrário, afinal de contas, por que diabos o Estado ter o poder de dizer quem pode exercer essas profissões? – acompanhada de uma ridícula lista de "prerrogativas", é necessário criar uma lei de abuso de autoridade. Afinal, temos muitas "autoridades" e todas bem dispostas a cometer atos de abuso.

A lei veio em 1965, na ditadura militar, como forma de enquadrar, em tese, claro, tanto os que se excediam no uso da força (afinal, o regime militar precisava dar uma resposta legalista à sociedade civil) quanto os que desafiavam as ordens do regime. Os tipos penais, em si, eram bons, mas a lei não "pegou". Poucos processos, penas muito baixas, pouca efetividade.

Com a promulgação da Constituição de 1988, todos ganharam muitas "prerrogativas". Ministério Público, advogados, contadores, administradores, psicólogos, médicos, juízes, parlamentares etc. Não sei qual é o ofício de quem está me lendo, mas pode procurar na lei as suas "prerrogativas" que você as encontrará. E, claro, sobrando "prerrogativas", sobraram abusos. Pergunte a qualquer advogado que atua com processo civil ou penal e ele lhe contará uma história de promotores ou juízes humilhando pessoas, muitas vezes humildes, que participavam de audiências.

Foi necessária, então, uma nova lei de abuso de autoridade. Curioso, poderíamos pensar que, com o avanço da redemocratização, a lei original se tornasse desnecessária, mas enfim...

Começados os trabalhos legislativos, o sentido original da lei foi logo deturpado. Condutas normais, como negar um *habeas-corpus*, passaram a ser tipificadas. O juiz passa a ser criminoso quando deixa de deferir liminar em *habeas-corpus* "manifestamente cabível". E quando é "manifestamente cabível"? Seria quando o pedido estivesse de acordo com a jurisprudência dos tribunais? Mas o próprio STF muda sua jurisprudência a todo o momento. Recentemente, uma súmula que afirma que não cabe *habeas-corpus* quando a pena for somente de multa (afinal, a pena de multa não se converte em prisão...) foi "superada" pelo STF. E o juiz que, seguindo a súmula do STF, deixou de deferir um *habeas-corpus* em caso envolvendo apenas pena de multa?

A nova lei de abuso de autoridade acabou sendo uma panaceia. Saímos de uma situação em que as "autoridades" do Judiciário e do Ministério Público tudo podiam para um cenário em que, mesmo que cumpram suas funções, podem vir a ser criminalizados, com base em interpretações subjetivas. Isso é perigosíssimo pois, assim como um promotor de Justiça não deve perseguir ninguém por conta de antipatia ou ideologia, também não deve temer iniciar uma persecução quando cabível, doa a quem doer.

Dou alguns exemplos de dispositivos absurdos da nova lei de crime de responsabilidade. O art. 9°, parágrafo único, III, determina que é crime deixar de dar liminar em *habeas-corpus* quando manifestamente cabível. Bem, e quando é manifestamente cabível? A lei não diz. Da mesma forma, a lei afirma que deixar de substituir prisão cautelar por medida alternativa, quando manifestamente cabível, é abuso de autoridade. E quando é manifestamente cabível? Os diversos tribunais têm entendimentos divergentes. O ponto é que, na dúvida, o magistrado pode se sentir coagido pela nova lei e soltar uma pessoa que deveria permanecer presa.

Qual seria a solução? Bem, se ao menos uma vez na história usássemos os cânones do Estado de Direito e entendêssemos que os poderes dos agentes públicos advêm da lei e são exercidos de forma impessoal e nos limites legais, e que ninguém pode se valer das prerrogativas de um cargo em atividades alheias às suas funções – como no caso de um juiz ou um delegado de polícia que dão uma "carteirada" para passar na frente da fila de embarque no aeroporto –, já seria um bom avanço. A partir dessa perspectiva, poderíamos ter feito um texto legal equilibrado, que punisse os reais abusos de autoridade, sem incorrer em revanchismos de políticos contra o Ministério Público e contra o judiciário.

Fato é que a nova lei de abuso de autoridade foi aprovada e sancionada de maneira absolutamente deturpada, mais focada em constranger o trabalho de policiais, juízes e promotores que combatem a criminalidade – especialmente aquela de colarinho branco – do que em coibir abusos. A nova legislação entrou para a longa lista de traições do presidente Jair Bolsonaro contra a direita brasileira. Quando parlamentar, Bolsonaro posicionou-se firmemente contra a aprovação da lei, que era patrocinada por ninguém menos que Renan Calheiros, em retaliação ao avanço de operações de combate à corrupção. Uma vez presidente, Bolsonaro tomou o lado daqueles que fazem de tudo para abafar investigações, obviamente para proteger a si mesmo – afinal, é sempre bom lembrar, o presidente é corrupto, vagabundo e quadrilheiro – e a sua família.

A "carteirada" não apenas continuará existindo como também será utilizada por marginais que queiram escapar da justiça. Como escreve o Barão de Montesquieu em seu imortal "Do Espírito das Leis": "Vejo os antigos abusos, vejo sua correção. E também vejo os abusos da própria correção".

Referências

MONSTESQUIEU. *Do espírito das leis*, Martin Claret, São Paulo, 2015.

39.
AFINAL, PARA QUE SERVE A ABIN, A "CIA BRASILEIRA"?

Todo o país que se preze desenvolve a atividade de inteligência. Essa atividade consiste em obter e analisar dados, interpretando-os e antevendo possíveis cenários desafiadores para sua segurança, seja a segurança militar – o equilíbrio de forças com seus adversários, a integridade de seu território, a vida da sua população, a sua soberania – ou sua segurança alimentar, econômica, energética etc.

Os EUA, por exemplo, têm a famosa CIA, que surgiu em 1947, no processo de reforma da defesa no pós-guerra. O objetivo da CIA foi reunir em uma só estrutura, civil, as principais atividades de inteligência. Tais atividades incluem a espionagem, que nada mais é do que a obtenção de dados que, sem a espionagem, não seriam acessíveis.

Você provavelmente passou a vida ouvindo que a CIA era uma agência que fomentava terrorismo e golpes de Estado, dando suporte ao imperialismo americano. O seu professor de ensino médio até falou das tentativas da CIA de tirar Fidel Castro do poder e acabar com a "democracia" cubana. E, claro, a CIA malvadona até apoiou o golpe militar brasileiro, certo?

Como eu disse no começo do texto, todo país que se preze tem atividade de inteligência. Isso vale para França, Inglaterra, Alemanha, Rússia (e a sua antecessora, a URSS), Cuba, Coreia do Norte. Sim, leitor, os Estados "bonzinhos" também espionam, e com razão. Sem atividade de inteligência, um país fica completamente cego no mundo, sem se orientar, sem entender as ameaças que surgirão e sem se preparar para enfrentá-las.

A CIA agiu de modo a sabotar a democracia brasileira em 1964? Certamente os EUA tinham interesses estratégicos na derrubada de João Goulart, assim como países como a URSS e Cuba tinham interesse na sua manutenção. O mundo vivia a Guerra Fria e os EUA ainda praticavam uma política de contenção da expansão socialista. Os EUA usaram sua atividade de inteligência para influenciar os destinos de toda a América do Sul, evitando que o subcontinente caísse nas garras soviéticas. Cuba, URSS e outros países usavam seu serviço de inteligência para influenciá-los da forma contrária. Todos os países faziam e fazem isso. Bem-vindos ao mundo real, não há governo que perca tempo brincando de casinha.

Isso não significa, é claro, que a CIA agiu legalmente durante toda sua existência. Sabemos que não. Tampouco os demais serviços de inteligência de países socialistas "bonzinhos" agiram dentro da lei. Existe, em Relações Internacionais, a teoria do "realismo", que dispõe que os Estados são os únicos agentes de poder e que continuamente disputam o poder; a colaboração só se dá à medida em que aumenta o seu próprio poder e influência. Assim é e assim sempre foi.

Chega de mitos, portanto. Não há país "bonzinho" (nem Cuba, nem o Vietnã, nem a Bolívia, nem a Venezuela... não importa o quão pequeno seja ou o quão fofa seja a retórica socialista de seus líderes). E não há país que sobreviva sem serviço de inteligência.

No Brasil, porém, custamos a aprender esta lição. Por décadas, nosso serviço de inteligência foi o sinistro SNI, que estava mais preocupado em obter dados de opositores do regime militar para capturá-los e puni-los. Os partidos de esquerda também tinham seus aparatos de inteligência, aliás – e muito bem montados, inclusive com cooperação de países estrangeiros. Não é teoria da conspiração, pelo contrário, é o lógico, e tudo isso muito bem documentado (BORGES, 2018).

Vinda a redemocratização, deveríamos ter criado um serviço de inteligência sério, profissional, pautado e regulado pela lei e que buscasse dados para a segurança do país. Só fizemos isso muito tarde, com a criação da ABIN, e, para não variar, nossa iniciativa não deu certo. A ABIN é mal estruturada e frequentemente usada por governos de forma abusiva, a fim de obter informações que não são de interesse do país. Caso recente – e deprimente – se deu quando a ABIN foi usada para obter informações úteis à defesa do senador Flávio Bolsonaro, filho do presidente da República. Ou mesmo quando o presidente Jair Bolsonaro deu ordens para que a instituição investigasse governadores que fizessem oposição ao seu governo para inclui-los na CPI da Covid. Trata-se de aparelhamento, uso de uma estrutura de Estado para fins politiqueiros de um governo. Caso de *impeachment*, claramente.

O que o Brasil tem que fazer é reformular a ABIN para que ela vire um órgão de inteligência que sirva ao Estado, através da coleta e processamento de dados estratégicos para nossa segurança e da preparação para diferentes cenários. Não deve ser usada de forma casuística por governantes, tampouco usada para fins alheios à atividade de inteligência.

O problema é que a esquerda ainda vê a ABIN e qualquer atividade de inteligência como um perigo. Por quê? Te dou uma dica... tem relação com a ojeriza da esquerda à tipificação do terrorismo como crime, apesar do mandamento constitucional para que isso fosse feito. Afinal, quem pensa que um grupo criminoso como o MST é um ajuntamento de gente fofinha que pede educadamente por mais terra para que possam fazer uma simpática horta, em contraposição aos interesses do agronegócio malvadão baseado em latifúndios, não tem mesmo muito interesse na segurança do Estado.

Em suma, precisamos de sistema de inteligência bem estruturado que atenda aos interesses do Estado brasileiro, não de um governo. A fragilidade institucional da ABIN permite que ela seja sempre aparelhada por interesses políticos escusos a qualquer tempo, sem que haja nenhum tipo de reação interna. É forçoso constatar que instituições como o Ministério Público, a Polícia Federal e o Tribunal de Contas da União, apenas para citar alguns exemplos, possuem muito mais robustez do que a ABIN. Por que sempre que há uma mudança na Polícia Federal a instituição reage, com amplo eco na imprensa, mas nunca ouvimos falar nada sobre a ABIN? Simples: a instituição é uma caixa-preta – e não digo em termos de proteção de dados sigilosos e relevantes para a segurança nacional, função que é dever da instituição, refiro-me ao pior sentido da palavra – governantes entram, saem e utilizam a ABIN para fins pouco republicanos sem que haja a devida resposta/reação por parte da própria instituição, que acaba sendo refém de meia dúzia de apaniguados políticos dos governantes.

Precisamos quebrar o paradigma do antigo e sinistro SNI, cuja tradição é o uso da inteligência para perseguição de adversários políticos, para estruturar um sistema de inteligência brasileiro que seja sério e atenda aos interesses nacionais.

Referências

BORGES, Rodolfo. "Serviço secreto soviético considerou "causar guerra civil no Brasil" em 1961". *El País Brasil*. 06 jun. 2018. Disponível em: <https://brasil.elpais.com/brasil/2018/06/04/politica/1528124118_758636.html>. Acesso em: 06 ago. 2021.

40.
ADOÇÃO DE CRIANÇAS POR CASAIS HOMOSSEXUAIS

Quando começamos a tratar de alguns temas polêmicos de políticas públicas, é comum que tentem nos vender um pacote de opiniões. Se formos nos guiar por estereótipos, teremos o "pacote progressista" (favorável ao casamento gay, legalização da maconha e do aborto e à adoção de crianças por casais homossexuais) e o "pacote conservador", que seria o oposto do primeiro. Após adquirir um dos pacotes, estamos prontos para ir à internet e lacrar.

A vida real, é claro, não funciona assim. Todos esses temas polêmicos que citei não têm relação um com o outro e os problemas éticos e políticos que eles impõem são totalmente diversos. A questão da legalização das drogas não tem relação nenhuma com aborto, que não tem relação alguma com casamento entre homossexuais. Parte da mídia e dos chamados "influenciadores" querem nos fazer pensar que há uma relação íntima e intrínseca entre eles, mas o maior motivo dessa simplificação grosseira de raciocínio é nos tornar consumidores de um dos "pacotes". O marketing utilizado para nos vender esses produtos é muito forte; no caso do pacote progressista, consumi-lo significa ser uma pessoa "do bem".

Deixemos de lado esse marketing político tolo e vamos aos fatos. Afinal, um casal formado por dois homens ou duas mulheres devem adotar crianças?

Um bom ponto de partida para a resposta seria pensar quais são os dilemas reais envolvidos. Quando o assunto envolve crianças e adolescentes, o ponto de partida deve ser o melhor interesse deles, e não dos adultos envolvidos. Nesse sentido, há uma convenção da ONU, que foi ratificada pelo Brasil por meio do Decreto nº 99.710 de 1990, que em seu artigo 3 determina que todas as ações (sejam políticas públicas, ações judiciais, legislativas, administrativas etc..) envolvendo crianças deve ter como objetivo principal o interesse da criança.

Diz o texto: "Todas as ações relativas às crianças, levadas a efeito por instituições públicas ou privadas de bem-estar social, tribunais, autoridades administrativas ou órgãos legislativos, devem considerar, primordialmente, o interesse maior da criança". Claro, não?

Diante disso, podemos nos perguntar: o que mais interessa à criança nessa questão? De partida, podemos com isso excluir argumentos mais histéricos, que dizem que os homossexuais devem poder adotar crianças porque isso é bom para a causa política deles ou argumentos puramente ideológicos, como o que justifica a adoção por ser uma forma de "desconstrução" da "sociedade patriarcal". Não queremos desconstruir coisa alguma – e é difícil desconstruir algo que não existe! – queremos, isso sim, garantir os interesses das crianças. Sobre a causa política dos homossexuais, eles são livres para promovê-la, assim como qualquer outro grupo, mas, no caso específico da adoção de crianças, peço desculpas ao leitor para repetir: o que interessa é o bem-estar das crianças, não dos adultos.

Pois bem, eu acredito que o lugar de criança é com a família. Um orfanato ou instituição similar, por melhor que seja, nunca dará à criança aquilo que uma família dá: amor, afeto, proteção, instrução, valores e referências. Não é à toa que a Constituição Federal diz que a família é a base da sociedade e manda o Estado protegê-la (e não a tutelar, como alguns progressistas mais exaltados pretendem).

Mas que família, exatamente? Certamente não é uma família que possa agredir ou explorar a criança, como às vezes, tragicamente, ocorre, fazendo com que o Estado decrete a perda de poder familiar. Também não é o caso da família que abandona a criança. Em uma situação ideal, a família biológica da criança (diga-se com todas as letras: pai e mãe) assumem a responsabilidade pela sua criação e o fazem com o máximo de amor e empenho possíveis. Nem sempre, porém, isso ocorre, como bem sabemos. Há casos em que uma criança precisa ser tirada da sua família, seja porque tal família é perigosa ou porque houve abandono. A primeira providência, muitas vezes, é institucionalizar a criança, garantindo a sua segurança.

Recolhida a criança, o ideal é que ela seja dada uma nova família, que fará o que sua família biológica não fez: cuidar dela com amor e empenho. É necessário que esta nova família seja formada por um homem e uma mulher? Penso que, apesar da formação "tradicional" da família ser a que tem mais chance de dar certo, há casos de crianças criadas por famílias formadas só por mãe, por mãe e avó, por casais homossexuais, enfim, há vários tipos de família que podem ser funcionais.

Acredito que uma família com dois pais ou duas mães pode, sim, ser funcional – às vezes, até mais funcional do que algumas famílias "tradicionais". Não quero fazer nenhum ataque à instituição da família tradicional, tal e qual está na moda. Como disse, a Constituição Federal protege a família justamente por ver nela a base da sociedade. Agora, não nego que um casal homoafetivo possa desempenhar de forma muito satisfatória o papel de pai/mãe.

O mais elevado interesse da criança é sempre o de estar em uma família estável e bem estruturada. Nesse sentido, é muito melhor permitir que um casal homoafetivo promova a adoção – após a comprovação por rigorosa perícia das suas condições sociais, emocionais, financeiras etc. – do que deixar uma criança institucionalizada, ou em uma família abusiva. É justamente por tal motivo que penso que casais formados por homossexuais devem ter o direito de pleitear adoção em igualdade com casais formados por heterossexuais.

Friso: não o faço por nenhuma moda, nem para exibir minhas supostas virtudes morais ao apoiar uma causa progressista. Tomo tal posição por considerá-la a que melhor protege os interesses da criança. E, como diz a convenção da ONU, é somente isso que tem que ser considerado: o interesse da criança.

Algum ultraprogressistas, que gosta de falar na "desconstrução da família patriarcal", pode dizer que está agindo de forma a priorizar os mais elevados interesses das crianças?

41.
A IMPRENSA E O ÓDIO DA MÁQUINA

ALEXANDRE BORGES
Jornalista e comentarista político da CNN Brasil

As origens do jornalismo estão intimamente ligadas a governos e à propaganda política. O mais antigo jornal que se tem notícia, o *Acta Diurna*, foi criado por Júlio César em 59 a.C. e funcionava como ferramenta de proselitismo do imperador romano e de divulgação de suas conquistas, especialmente as militares. A própria ideia de isenção, objetividade e imparcialidade jornalística não faria qualquer sentido naquela época e, na maior parte do mundo, até os dias atuais.

Na União Soviética, outra brutal ditadura comunista, o famigerado jornal oficial do governo bolchevique, instituído por Lênin em 1918, tinha o sugestivo nome de *Pravda*, ou "verdade" em russo. Não bastava ser a principal publicação jornalística do império soviético, ele deveria ser aceito como a própria "verdade", uma perversão satânica da ideia cristã de *veritas*. No Brasil, os canais oficiais e influenciadores governistas regularmente citam o versículo bíblico "e conhecerás a verdade, e as verdade os libertará" (João 8,32), numa tentativa de amalgamar a verdade revelada por Deus com a propaganda bolsonarista, uma impostura herética que em nada difere do leninismo.

A própria ideia de que existe uma verdade objetiva, central para a busca da isenção e imparcialidade jornalística, é essencialmente cristã. Como ensina o Papa São João Paulo II na Carta Encíclica *Veritatis Splendor*, promulgada em 1993, o homem purifica sua vida pela "obediência à verdade" (1Pd 1,22) numa luta espiritual contra a tentação demoníaca, do "mentiroso, pai da mentira" (Jo 8,44). O homem é sempre tentado a desviar seu olhar de Deus e, assim, enfraquece sua vontade de se submeter à verdade, "abandonando-se ao relativismo e ao ceticismo (Jo 18, 38)", indo "à procura de uma ilusória liberdade fora da própria verdade".

A luta pela independência no jornalismo é, na essência, espiritual e moral, fundada na crença de que a verdade objetiva existe e que sua busca é não apenas desejável, mas a própria conexão com o *logos* divino e a bússola que separa o caminho do bem e do mal. Sem o alicerce cultural e civilizacional do cristianismo, com a secularização radical do Ocidente, é cada vez mais raro quem resiste ao pacto faustiano de vender a alma em troca de benefícios terrenos. A mentira no jornalismo e seu uso por governos e elites como instrumento de propaganda são reflexos da rendição, aos olhos da tradição cristã, à tentação demoníaca.

Tendo a verdade como alicerce, o jornalismo de qualidade é também resultado de investimento, técnica, experiência, tradição e proficiência. Em 2010, ano de lançamento do iPad, Steve Jobs declarou que uma das principais funções do seu tablet era criar novas fontes de acesso e financiamento ao bom jornalismo, que ele classificava como aquele com qualidade editorial.

Para o fundador da Apple, "toda democracia depende de uma imprensa livre e saudável" e tudo que ele não gostaria de ver era "a decadência de nos tornarmos uma nação de blogueiros", palavras proféticas e mais atuais do que nunca, quando o jornalismo tradicional luta uma batalha inglória contra franco-atiradores que espalham notícias falsas, distorcem fatos, promovem campanhas difamatórias e poluem o ambiente do debate público, contando com a passividade cínica das grandes plataformas de tecnologia que faturam bilhões com o sensacionalismo e as falsidades do mundo em que "todo mundo é jornalista".

É evidente que o jornalismo tradicional tem suas falhas e não vive seu melhor momento, especialmente após a reação ideológica indesculpável contra a vontade popular expressa, por exemplo, no Brexit e na eleição de Donald Trump, ambos em 2016. O abalo sísmico provocado pela saída do Reino Unido da União Europeia e da escolha de um bilionário excêntrico, sem trajetória na política, para a presidência dos EUA, mostrou a face mais elitista e condenável da imprensa atual, num processo de afastamento dos anseios da população como descrito de forma definitiva no indispensável "O Fim da Classe Média" (Ed. Record, 2020), do geógrafo francês Christophe Guilluy.

Guilluy mostra, com argumentos que transformam em pó equívocos recentes como o best-seller "Como as democracias morrem" (Steven Levitsky e Daniel Ziblatt), a criação deliberada de excluídos econômicos e sociais nas principais democracias ocidentais, numa ação que ainda inclui a importação indiscriminada de imigrantes de baixa qualificação para disputar, com salários ainda mais reduzidos, os empregos cada vez mais escassos nos setores exportados por essas elites principalmente para a Ásia.

A consequência deste processo histórico recente é a criação de uma classe média que disputa empregos cada vez mais raros, achatada pelo desemprego estrutural e obrigada a barganhar ocupações com remunerações ainda menores pela competição com imigrantes que topam tudo pela oportunidade de viver nas principais democracias do mundo.

Como se tudo isso não bastasse, estas mesmas elites que controlam os "megafones" da sociedade, num raro papel social de inimigos da população de seus países de origem, passam a incentivar que seus representantes na política e na indústria cultural humilhem a classe média como "xenófoba, racista, ignorante, cafona e raivosa", uma espécie de entulho de um tempo que não volta mais.

A ascensão populista dos últimos anos é uma consequência direta da alienação das celebridades, elites políticas, empresariais, acadêmicas e do jornalismo tradicional em relação às necessidades e aspirações de seus conterrâneos, uma realidade inconveniente que elas estão longe de aceitar, criando desculpas escapistas como se o Brexit, Donald Trump, entre outros, tivessem sido criações de "supremacistas brancos da alt-right manipulando as redes sociais", uma explicação rasa que não resiste ao mais leve escrutínio.

Algumas das mentes mais atentas já previam o momento político atual desde a primeira década dos anos 2000, como o historiador britânico Niall Ferguson ou os célebres autores de esquerda Ernesto Laclau e Chantal Mouffe, muito antes da revolução causada pelas plataformas digitais. Foi nessa época que surgiu também o Movimento 5 Estrelas na Itália, capitaneado pelo humorista Beppe Grillo, outra evidência inquestionável de que o populismo de hoje já estava em gestação há anos.

Niall Ferguson, diga-se, é um caso raro de um intelectual de primeira grandeza que soube, em nome da sua integridade e honestidade, voltar atrás em seus preconceitos contra o Brexit. Em meados de 2017, Ferguson admitiu publicamente que era contra o divórcio com a União Européia mas havia mudado de ideia e, mesmo reconhecendo que o processo seria muito mais caro e demorado do que os defensores do Brexit previram, era desejável e deveria ser feito. Como historiador, fez paralelos contundentes daquele momento com a Segunda Guerra Mundial e da "anexação" da Europa que a Alemanha estaria promovendo via UE, o que riscou seu nome para sempre de diversos jantares em Davos e em Bruxelas.

A subserviência às agendas políticas elitistas do jornalismo tradicional do Ocidente não é a única explicação para o aparecimento de tantos arrivistas e alpinistas sociais travestidos de jornalistas e comentaristas nas redes sociais, mas também o modelo de negócios baseado nos cliques causados pelo sensacionalismo, pelo choque imediato do conteúdo grotesco, repulsivo e bizarro. O *clickbait* é um câncer cuja metástase, na falta do devido tratamento, é questão de tempo.

Quando o jornalismo deixa de representar a população, de ser seu porta-voz para "falar a verdade ao poder" e servir de olhos e ouvidos da sociedade na fiscalização de governos, autoridades e das elites, quando se autoproclama o papel de ente superior de razão e doutrinador da massa ignara, escancara os portões da própria cidadela para a invasão bárbara da "nação de blogueiros" que ela tanto abomina mas que involuntariamente empodera. A imprensa reclama da "máquina de ódio", mas ao se desconectar do povo revela o "ódio da máquina" e coloca ainda mais combustível na locomotiva populista.

Diversos estudos mostram que a imprensa é muito menos eficiente do que pensa em termos de moldar o pensamento da população, mas é extremamente poderosa em pautar o debate. Ao focar num assunto, faz com que ele se torne relevante e entre na agenda do poder e da cidadania, mas se a tese defendida pela imprensa não encontrar ressonância no povo, o tiro sairá pela culatra e a reação negativa será proporcional à luz direcionada ao tema.

    O caminho do jornalismo de qualidade, mais necessário e urgente do que nunca, está dado: investimento na credibilidade e na íntima conexão com as aspirações do seu público, sendo o guardião da cultura, das tradições e das conquistas geracionais de seu povo, a despeito dos humores e das agendas de suas elites.